DESPERTAR

María R. Mendoza

Félix A. Gómez

Una Producción De

Derechos Reservados © 2012 Por Félix A. Gómez y María R. Mendoza

Todos los derechos son reservados.

Este libro no puede ser reproducido, distribuido o transmitido de ninguna forma total o parcial, ni almacenar en una base o sistema de recuperación, sin autorización escrita de los autores.

Copyright © 2012 by Félix A. Gomez and Maria R. Mendoza

All rights are reserved.

No part of this publication may be reproduced, distributed, or transmitted in any form or by any means, or stored in a database or retrieval system, without prior written permission of the authors.

FelGome Publishing L.L.C.

Middlesex, N.J.

Felgomellc@hotmail.com
FACEBOOK @FelgomePubl

ISBN: 978-0-9886385-4-9

Printed in the United States of America

INTRODUCCIÓN

Saludos apreciados lectores, con todo respeto hacia ustedes. Este libro ha sido escrito con la intención de que el lector tenga una comprensión de lo espiritual. Un asunto que es de la conveniencia de todos y que personalmente en algún momento o circunstancia de la vida, lo ha llevado o llevara a la cuestión de la curiosidad acerca del tema del sentido espiritual.

En los siguientes ejemplos que se relatan, tratan de alguna manera ilustrar para el más posible entendimiento y aprovechamiento que usted pueda adquirir, carísimo lector, por el amor y restitución en las obras de Jesús hijo de Dios. Nosotros, María y Félix tratamos de todo corazón poderles ser útil y contribuir con nuestro granito de arena que nos corresponde como bautizados y por la oportunidad que el Padre celestial nos ha concedido. También hemos llegado a la conclusión, querido lector, de señalarles algunas sugerencias con la única intención de que la comprensión sea más sencilla para usted.

"Para mayor comprensión se recomienda leer el libro de principio a fin, sin esquivar páginas y seguir los textos localizados en el libro con los versículos bíblicos tal como se recomienda." Los escritos en letras **RESALTADAS** son versículos recogidos y especificados de la Sagrada Biblia, (por ambos autores.) Después de haber leído este libro, le recomendamos que nuevamente lea las escrituras de la Sagrada Biblia y notará que el entendimiento le será mucho más fácil. Tenga en mente que las escrituras de la Biblia son más basadas en lo espiritual.

Algunas informaciones han sido recopiladas de algunos medios públicos, información buscada para mejor asesoría personal sobre los temas descritos en el libro, fueron buscados por Félix A. Gómez guiado por su fe. Aparte de reexaminación propia y resumida para lo espiritual por María R. Mendoza de acuerdo con la experiencia que obtuvo durante el transcurso de la muerte. Ya que en ese momento se renovó consciente de la función física en comunión con la espiritual.

Si en algún momento se siente perturbado u ofendido por los escritos o párrafos, con toda seguridad no es nuestra intención. Por favor, no se limite y continúe con la lectura. En caso de que no pueda continuar debido a algún sentimiento provocado por la lectura, siéntase libre de comunicarse con nosotros y hacernos su comentario. Si algo no comprende, no se base en su propia interpretación. Si necesita más comprensión desde otros puntos de vista, les recomendamos busque la ayuda conveniente en la Iglesia Católica más cercana, y asesórese con gente preparada como los sacerdotes y asista a servicios de los grupos de catequesis y otros.

Tenga la seguridad de que usted no está solo; la Iglesia Católica tiene una institución completa y esencial donde puede recibir asesoramiento y ayuda correspondiente, tanto en lo moral como también en lo espiritual.

Sobre las precauciones que debería considerar respecto a su estado moral y espiritual, y la sugerencia de que solicite ayuda: si adquiere comprensión y siente arrepentimiento o el despertar de su espíritu y experimenta temor a la reprobación de Dios, es el momento de acudir a Dios y acercarse a la Iglesia Católica. Busque la ayuda de un sacerdote católico e infórmese más acerca de los sacramentos instituidos por el Hijo de Dios, Jesucristo.

Esta escritura no se hubiera publicado si no existiera solución. Gracias a Dios y al sacrificio de Jesús vivo y todos los santos del antiguo y nuevo testamento y los mártires que han contribuido a la iglesia renovadora en la comprensión de los sacramentos.

Este escrito ha sido creado con la intención de cumplir el deber de compartir el despertar espiritual usando un lenguaje sencillo y especificado con ejemplos para facilitar su comprensión, apreciado lector.

Queremos agradecer a Dios por la gracia que nos ha concedido para plasmar nuestra identidad espiritual y la oportunidad de serle útil según la misericordia de Dios, entregando el propósito. Agradecemos su atención a la escritura esperando sea de provecho en su caminar por la vida hacia la luz, la morada final a la que todos tenemos derecho gracias a Jesucristo, Hijo de Dios.

Todos los seguidores de Jesucristo estaban perdidos, pero por Dios fueron buscados y encontrados en el bautismo. Es el tiempo para que tú le busques a Él siguiendo los pasos de Jesucristo. Búsqueda voluntaria, correspondiente y constante entre dos seres que se aman, Dios y tú.

REFERENCIAS

*Recopilador de datos Félix, resumido y detallado por María.

*Diseños de interior del libro, temas, títulos, textos de la Biblia, organización, arreglo de iniciativa y despedida; por ambos autores, Félix y María.

*Diseño de la portada del libro, María y Félix

*Título del libro elegido por María y Félix.

*Editores del libro, Félix.

*Diseño de la estampa de advertencia, Félix y María

* Diseño del nombre de la compañía, Félix y María

ÍNDICE

EL PECADO ORIGINAL	- 1 -
DIA TRES DE ENERO, DEL 2010	- 21 -
VICIOS DE IMPUREZA	- 38 -
LA PUREZA	- 41 -
IDOLATRÍA	- 44 -
EL BUDA SIDDHARTHA GAUTAMA	- 52 -
CADENAS DE FAMILIA; MARIA, FELIX	- 64 -
MARIA:	- 64 -
FELIX:	- 68 -
BRUJERÍA	- 71 -
DEMONOLOGIA	- 74 -
ANTICRISTO	- 79 -
VAMPIROS	- 81 -
PANDILLAS	- 84 -
DÍA DE TODOS LOS SANTOS	- 87 -
LA IMAGEN DE LA MUERTE	- 88 -
CONTRA NATURAL	- 91 -
HOMOFOBIA	- 93 -
SODOMÍA	- 94 -
PROSTITUCIÓN	- 95 -
MARIA MAGDALENA	- 100 -
EL REY SALOMON	- 102 -
LA MUERTE	- 104 -

EL JUICIO .... - 106 -
LIBRO DE LOS MUERTOS .... - 108 -
JESUS DE NAZARET .... - 110 -
NUEVO NACIMIENTO .... - 121 -
EXTREMAUNCIÓN .... - 127 -
LA SANGRE .... - 130 -
VEGETARIANISMO .... - 135 -
EJEMPLOS DE CAMBIO DE METABOLISMO EN EL CUERPO - 139 -
HOMO SAPIENS .... - 145 -
El SUEÑO CON LA SERPIENTE .... - 149 -
REVELACIÓN DEL DIABLO .... - 171 -
RAZÓN POR LA QUE LLEGUÉ A USA .... - 175 -
CAUSA DE MI MUERTE .... - 188 -
LINEA DE LA MUERTE .... - 201 -
MI PROPOSITO .... - 231 -
Félix A. Gómez Gómez .... - 242 -
Maria R. Mendoza .... - 245 -
POEMAS .... - 246 -
    LA TUMBA .... - 246 -
    LA VIDA SIN DIOS ES UN SUEÑO: .... - 247 -
    "YO" .... - 248 -
    LA IGLESIA: .... - 249 -
    EL DESEO DE MI CORAZON: .... - 250 -
    MI CORAZON BUSCA LA LUZ: .... - 251 -
    J. SOLEDAD. REYNOSO. GARZA .... - 252 -
    EN LA ADOLESCENCIA: .... - 253 -
DESPEDIDA .... - 254 -

MARIA R. MENDOZA .... - 254 -
FELIX A. GOMEZ GOMEZ .... - 256 -
CON CORTESÍA .... - 258 -

X

María R. Mendoza   Despertar   Felix A. Gómez

EL PECADO ORIGINAL

Génesis, textos, **1 hasta 9**

*E*xisten dos esencias, la Luz y la Oscuridad. La Luz es Dios, y Dios apartó de Él a la oscuridad, la llamó tiniebla y lejos de la luz, permanece.

(Metáfora) "Dios formó un ser hermoso y fuerte llamado Luzbel. Se complació tanto en él que creó muchos más, pero a él, por ser el primero, le dio un lugar especial. A los demás los creó más pequeños y menos fuertes.

(Metáfora) Luzbel, sintió una intensa curiosidad por ver que más formaba en la "inmensidad" su creador y lo acompaño a todas partes. Pero este ser, Luzbel, no se dio cuenta de que las "tinieblas", (la maldad) lo acechaba y le atrapó con un punto de oscuridad, haciéndolo impuro y eso bastó para él tener pensamientos negativos. Luzbel, contaminado, se profundizó en un pensamiento: "Si lograra adueñarme de todo lo que la Luz crea, podría ocupar su posición y alcanzar un poder equivalente al de la propia Luz, al de Dios". (Juan 3:19-21)

Dios anheló un lugar para descansar y deleitarse de su belleza, frescura, sus aromas, colores, diversas formas de gracia viva y pura, y de entre sus creaciones, eligió la tierra que en ese entonces era confusa.

(Génesis 1:1-31) La tierra estaba confundida y las tinieblas la cubrían. Dijo Dios: "haya luz". Y hubo luz. Dios vio que la luz era buena, y separó la luz de las tinieblas. Dios llamó a la luz día y a las tiniebla noche. Atardeció y amaneció, fue el día primero.

Dijo Dios: "Y haya firmamento en medio de las aguas", apareció lo seco y lo llamó tierra y a la reunión de las aguas mares. Entonces Dios formó de la tierra a todos los animales; los del mar, los de la tierra y los del cielo.

Así estuvieron terminados el cielo, la tierra y todo lo que hay en ellos. Entonces Dios quiso hacer a un ser especial para que cuidara de su bello jardín y al mismo tiempo se sirviera de él. Un ser tan especial que fuera su hijo aquí en la tierra, que lo conociera y lo amara como lo que son: padre e hijo.

Dios en su gran "inspiración" (sabiduría) desde su corazón, se dijo: "Hagamos al hombre protector de todo lo que hay aquí y así también se sirva de todo. Su imagen será la mía. Todos los seres que le vean se acordaran de mí, y los hombres me alabaran porque sabrán que yo soy su padre".

Y modeló así al hombre con gracia, sabiduría y amor de su corazón, usando los complementos de la tierra, agua y viento. Sopló en el hombre su aliento, el aliento de vida, que se refleja en la iluminación de sus ojos, despertándose en ese vello jardín que es la tierra completa. Y como condición impuesta por Dios al hombre, debía esperar la voluntad de Dios, su padre.

Dios llevó ante el hombre a los animales para que les pusiera nombre. Y el nombre de todo ser viviente había de ser el que el hombre le había dado. Con cada especie, una dimensión de estilo de vida que solo ellos conocen. Y ha hecho de la tierra, un bello jardín de plantas, flores, animales, ríos y mares, todo era maravilloso.

En el séptimo día, Dios tuvo terminado su trabajo y descansó en ese día de todo lo que había hecho. El espíritu de Dios se complacía en todo esto, estando en la tierra seis días y el sábado regresaba a sus hijos en su dimensión de luz.

(Metáfora) Luzbel que a todo momento lo observaba todo con mucha atención, veía que todo era bueno hasta entonces.

El hombre puso nombre a todos los animales, a las aves del cielo y a las fieras salvajes. Pero entre todos ellos no había para el hombre ayuda semejante a él. Y Dios que conoció la tristeza de su corazón, **dijo Dios: "No es bueno que el hombre esté solo, voy a hacerle una auxiliar a su semejanza".** Entonces hizo caer en un profundo sueño al hombre y éste se durmió. Le sacó una de su costilla y rellenó el hueco con carne. De la costilla que Dios había sacado al hombre, formó una mujer y la llevó ante el hombre. Entonces el hombre exclamó: "Ésta si es hueso de mis huesos y carne de mí carne". Ésta será llamada varona porque del varón ha sido tomada. Por eso el hombre deja a su padre y a su madre para unirse a su mujer, y pasan a ser una sola carne. Los dos estaban desnudo, hombre y mujer, pero no sentían vergüenza.

(Metáfora) Mientras tanto, el Diablo, como después sería conocido, lo observaba todo y no perdía detalles. Después de haber visto cómo Dios creó al hombre y la mujer, el Diablo vio la oportunidad de formar también a su hijo, compartiendo con él su espíritu y su esencia oscura. (Véase Mateo 13:24-30 y Juan 8:1-58).

(Metáfora) Una vez formado el hijo de la oscuridad, también le otorgó el mandato de seducir a la mujer, a Eva; para que a través de ella dominara el mundo en su descendencia. (Véase Génesis 3:15). Conocido después como La Serpiente antigua, La Bestia, la muerte, El 666; (Luzbel, la Muerte, el hombre impío). Sembró la cizaña y heredó el reino de las tinieblas, (en el día anteriormente conocido como sábado 7), contaminando a Eva en la corrupción de su cuerpo y su espíritu. (Véase 2 Corintios 11:2-3).

Dijo a la mujer: "¿Es cierto que Dios les ha dicho, no coman de ninguno de los arboles del jardín?

La mujer respondió a la serpiente: "Podemos comer de los frutos de los árboles del jardín, pero no de ese árbol que está en medio del jardín, pues Dios nos ha dicho: No coman de él ni lo prueben siquiera, porque si lo hacen morirán."

La serpiente dijo a la mujer: "No es cierto que morirán. Es que Dios sabe muy bien que el día en que coman de él, se les abrirán a ustedes los ojos, entonces ustedes serán como dioses y conocerán lo que es bueno y lo que no lo es."

Entonces se les abrieron los ojos y ambos se dieron cuenta de que estaban desnudos. Así fue como entraron en tinieblas y perdieron la conciencia hacia Dios. Los que eran de Dios y para Dios habían sido arrebatados por las tinieblas en la confusión. En su interior estaban muertos, en condición y transcurso de muerte. La oscuridad entró en ellos, que es todo temor, tristeza y amargura. Las tinieblas habitaron en su ser desde ese momento. Esto aconteció el día que Dios guardaba para sus hijos de luz y su casa, su día de descanso, el día de su honor y gloria de alegrarse por sus creaciones, el sábado 7.

De pronto, percibieron que Dios regresaba y **escucharon su presencia pasearse en el jardín, a la hora de la tarde. El hombre y su mujer se escondieron entre los arboles del jardín para que Dios no los viera.** Dios, al darse cuenta de que no lo recibían, sino que más bien se ocultaban de Él, supo de su confusión.

Dios llamó al espíritu de Adán y **le preguntó:** "**¿Dónde estás?**"

Éste contestó: "Te he oído en el jardín, y tuve miedo porque estoy desnudo, por eso me escondí."

Dios replicó: ¿Quién te ha hecho ver que estabas desnudo, acaso me desobedeciste?

Adán contestó: "La mujer que me disté por compañera me dio de ella y comí".

Dios reclamó a la mujer: "**¿Por qué has hecho eso?**"

La mujer contestó: "El varón que se oculta entre los árboles me engañó, y he comido de él".

Dios dijo al varón, al hijo de Luzbel: "¡Serpiente! **Por haber hecho esto, maldita seas entre todos los animales del campo. Te arrastraras sobre tu vientre y comerás tierra por todos los días de tu vida.**" Haré que haya enemistad entre tú **descendencia y la suya. Ella te pisara la cabeza mientras tú herirás su talón.** (Véase, (DHH) Eclesiástico 13:15-21, Mateo 15:13-19 y Génesis 3:3-15)

Después de maldecir el cuerpo del varón y convertirlo en un reptil, Dios abrió el vientre de las tinieblas y envió el espíritu del varón como hijo de la oscuridad. Fue enviado al abismo, que es la segunda muerte, donde se convirtió en gobernante del reino de las tinieblas. Es el padre de los muertos en espíritu, aquellos que están en tinieblas; (apartado de la presencia de Dios).

"La tiniebla es un lugar de tormento eterno, donde la maldad propia causa un sufrimiento eterno. Es un lugar donde el fuego de las pasiones encendidas envuelve el alma en un ardor desgarrador y una sed infinita de compasión. Allí, prevalece un temor insoportable, ya que no se percibe ni una pizca de la presencia de Dios. Es la experiencia de la muerte con un constante tormento de lujo, un temblor de dolor que invade todo el ser, al punto de que uno ya no puede llorar ni gritar. Aquellos que tienen que ir allí padecerán esta agonía."

A la mujer le aclaró y le previno: "Se multiplicarán tus sufrimientos en los embarazos **y darás a luz a tus hijos con dolor. Siempre te hará falta un hombre, y él te dominará.**"

Porque el espíritu de la serpiente, "la muerte", vendrá a reconocer a su nuevo descendiente. El día del nacimiento de tus hijos, te visitará y le reconocerás en el dolor, dolor de muerte.

El hombre y la mujer provienen de una sola carne y ambos poseen espíritu. La mujer, después de tener intimidad, pierde la conciencia interior y, después del parto, dependerá de la conciencia del hombre.

Al hombre le advirtió: **"Por haber escuchado a tú mujer"**, [diciéndote yo, espera mi voluntad, la confusión e indignación se apoderaron de ti y causarán efecto en la tierra. Por eso, pasarás trabajo para conseguir tus alimentos y, en tu confusión, harás a la tierra maldita. La cubrirás de ambición y peste, perpetrando en ella explotación sin conciencia, la peste será tu pago y su ruina será el reflejo de tu espíritu alejado de Dios, que ha quedado torpe y confundido.] No todo es trabajo físico, también es trabajo espiritual.

Después de advertir en la tierra las consecuencias que todo esto ha de causarnos, también advirtió en el cielo.

Dijo Dios: "He ahí al hombre, conocedor del bien y del mal".

Dios envió a un ángel que disminuyó la capacidad de los hombres para vivir una larga vida en vanidad y maldad (Deuteronomio 28:28-29). Ya no seríamos sus hijos debido a nuestra impureza espiritual y corporal heredada. Permaneciendo en la impureza, estaríamos desterrados de su herencia.

La impureza es el velo que ciega al espíritu, impidiéndole reconocer a Dios y sus obras. De esta manera, el Diablo tomó la tierra como herencia (véase Efesios 6:10-18 y 2 Corintios 4:3-4). Los animales que originalmente estaban destinados a ayudarnos se volvieron en contra de los hombres, volviéndose desconfiados debido al inconsciente del hombre, lo cual trajo muchas desgracias. Por esa razón, los animales se alejaron del hombre y ya no le sirvieron como antes, como debió ser. El hombre quedó solo y tendría que trabajar con su propio esfuerzo físico y mental para poder sobrevivir.

Se estableció el libre albedrío para el ser humano, permitiéndole elegir a quién quiere como padre (véase Deuteronomio 30:19, Hechos 14:15-17 y (DHH) Eclesiástico (15:11-20)

Sucedió que Luzbel se enfureció por la pérdida de su hijo y sentenció a los hombres a enfermedades y tormento (tristezas, iras, desesperación, envidias, pasiones, orgullo, etc.).

A Dios le han arrebatado a su primogénito en este mundo y condenado la descendencia de su primogénito a las tinieblas debido a la maldad del ángel rebelde, Luzbel. Dios, que es sumamente misericordioso y amoroso, decidió rescatar a los primogénitos en respuesta a la pérdida de Caín. Los apartó para Él y así también recogiendo el sacrificio que Caín y esta descendencia le niega.

Todos los primogénitos son de Dios, están apartados por Él. Sin embargo, según las inclinaciones malévolas de los corazones de los padres, si estos padres orientan a sus hijos hacia la perdición, Dios los salva llevándolos hacia Él. Esto sirve como una medida para concienciar a los padres con relación a los hijos futuros. Si los padres tienen la instrucción y el conocimiento en sus corazones para nutrir el alma y la conciencia del nuevo hijo de Dios, entonces Dios concede que se quede entre nosotros como un ejemplo y un honor al amor de Dios (véase Éxodo 13:1-2, 34:19-20 y Lucas 2:23-24).

Así, el primer hijo de Eva sería el portador de la oscuridad en su espíritu y sangre. **Eva nació a Caín, después Abel.**

Abel fue pastor de ovejas y Caín labrador de la tierra. Pasado algún tiempo, Caín presentó a Dios una ofrenda de los frutos de la tierra. También Abel de los primogénitos de su ganado, de lo mejor de ellos. Se agradó Dios de Abel y su ofrenda pero no la de Caín y la suya. [Dios, que todo lo sabe, notó que Caín ofrendaba por obligación, no con sincero amor a Él, mientras que Abel lo hacía con todo su ser y una intención completamente pura, porque su espíritu reconocía a Dios. Caín, confundido y sin comprender todo esto, se turbó sin control].

Dios le dijo: "¿Por qué estás enfurecido y por qué andas cabizbajo? Sí no obras bien estará el pecado a la puerta como fiera acurrucada, acechándote ansiosamente, a la que tú puedes dominar, ¡cesa!, que él siente apego a ti, y tú debes dominarle a él"
[El hombre tiene el poder de dominar al diablo, si se conociera así mismo, que es la tentación de ir contra Dios y tiene la elección del cielo o el infierno].

Caín dijo después a su hermano Abel: "Vamos al campo". Y cuando estaban en el campo, Caín se le lanzó contra su hermano Abel y le mató. [Por fin, la bestia, el diablo, el pecado le conquistó, incitándolo a la furia y el desprecio por su hermano. concluyendo todo esto en la obra, apartándose por indignación ante Dios, condenándose a vivir lejos de la presencia de Dios. Descendiendo hasta llegar al crimen de condenarse y condenar a sus descendientes a un lugar donde es como si nunca hubieran existido, un lugar de 'tinieblas'. perdiéndose en esta vida y la otra (véase, 1 Juan 2:18-29, 3:1-24 y 4:1-21).

Dios preguntó a Caín: "¿Dónde está tu hermano?"
[Caín respondió como un hijo de serpiente, con mentiras, justificándose en el orgullo, porque en ese momento, él también se

había convertido en una obra completa de desobediencia, rechazo y rebelión contra Dios. Se dejó llevar por sus impulsos sin razonar ni meditar sobre la situación].

Contestó Caín: "No sé. ¿Soy acaso el guardián de mí hermano?" [Una vez más Dios demuestra que todo lo sabe y no hay nada oculto a Él y le hace ver a Caín la realidad de su poder].

Entonces dijo Dios: "¡Que has hecho! La vos de la sangre de tú hermano está clamando a mí desde la tierra. Dios le advirtió; Ahora, maldito serás de la tierra que abrió su boca para recibir de mano tuya la sangre de tú hermano, cuando la labres, no te dará sus frutos, y andarás por ella fugitivo y errante." [Caín, al comprender el poder de Dios y al saber que nunca podrá escapar de la mirada divina, aceptó su error y su consecuencia, humillado y lleno de indignación].

Dijo Caín: "Demasiado grande es mí castigo para soportarlo. Me arrojas hoy de la tierra cultivable, alejado de tu rostro habré de andar fugitivo y errante por la tierra y cualquiera me matara." (Véase, Deuteronomio 32:10-43)

Dios le dijo; "Si alguien matare a Caín será siete veces vengado". Puso Dios a Caín una señal, para que nadie que le encontrara le hiriera.

El que ha tomado la vida de otro está condenado a vivir el resto de sus días atormentado por su pecado. Si lo matan, lo liberan del tormento que carga, pero esto no lo hace mejor que el otro. El alma del homicida queda libre de culpa en su conciencia porque se le ha infligido lo mismo que hizo, aunque no está exonerado ante el juicio de Dios por sus pecados. Durante su vida, tiene la oportunidad de arrepentirse sinceramente por voluntad propia y redimirse a través de buenas acciones, tratando de enmendar su error y evitando cometer actos similares. Si no se enfrenta a la misma suerte que él impuso, se verá humillado en su propia conciencia al darse cuenta de su distinción, al observar que otros no se atreven a cometer tan grave ofensa mientras él cedió ante las tentaciones de su cuerpo.

Desde entonces, Caín se alejó de la presencia de Dios.

(Metáfora) Así Caín, expulsado por Dios de la tierra cultivable y distanciado de la presencia divina en su conciencia debido a su acto, de saber que había matado a su hermano Abel, vagó por una tierra desconocida, sobreviviendo con los alimentos y animales que encontraba, sumiéndose cada vez más en la impureza.

(Metáfora) Caín deambuló durante un largo período por una tierra desconocida y deshabitada. Al no encontrar a otros seres humanos, decidió regresar al lugar donde estaban Adán y Eva. Observó durante un tiempo y notó que los descendientes de Adán y Eva habían crecido y formado una comunidad, como un pueblo. Posteriormente, en un acto controvertido, Caín raptó a una de sus medias hermanas con la intención de fundar su propio pueblo.

Caín tuvo relaciones con su mujer, que dio a luz un hijo, al que llamó Henoc. Construyó una ciudad y la llamó Henoc, con el mismo nombre de su hijo. (Génesis.4:18)

(Metáfora) En este entorno, Caín y sus descendientes vivirían ignorando la presencia de Dios y sin la guía divina en sus conciencias. Establecieron una cultura nueva y rebelde, marcada por la impureza, y cargaron con el conocimiento del acto nefasto de Caín hacia Abel, su hermano. Esta sociedad adoptó una dieta que incluía animales y plantas que, de acuerdo con las leyes religiosas posteriores, se considerarían impuros (como se detalla en Levítico 11). A medida que avanzaba el tiempo, esta comunidad se alejó cada vez más de la pureza espiritual, sumiéndose en la impiedad y la decadencia moral.

Tenía Adán ciento treinta años de edad cuando tuvo un hijo a su imagen y semejanza, a quien llamó Set, diciendo: "Dios me ha dado otro descendiente por Abel, a quien mató Caín". "Set era solamente parecido físicamente a Abel que era parecido a Adán."

También a Set le nació un hijo, al que llamó Enos. (Génesis 5:6). Al igual que Abel, Enos experimentaba un fuerte impulso espiritual de invocar a Dios. El espíritu de Enos ardía de amor por Dios. Dios recompensa a aquellos que lo aman, cuidando de su descendencia y renovándola constantemente. El Señor no olvida sus promesas ni las desatiende, ya que es Dios, no hombre.

(Historia de Noé, Génesis 5:28) **Cuando comenzaron a multiplicarse los hombres sobre la tierra y tuvieron hijas,** los Ángeles que estaban del lado del Diablo, "Luzbel", en desobediencia bajaron a la tierra. Viendo los Ángeles rebeldes, **que las hijas de los hombres eran hermosas,** los Ángeles tomaron aspecto de hombres. **Tomaron de entre ellas por mujeres las que bien quisieron.** Los Ángeles rebeldes les engendraron hijos a las hijas de los hombres y hacían enaltecer a sus hijos por toda la tierra.

Una vez más los Ángeles rebeldes actuaban a sus antojos en rebeldía. Habitaron entre los hombres enseñándoles corrupción de mente y de cuerpo. Promovieron la práctica de la mentira y todo tipo de conductas inmorales, incluyendo relaciones entre personas del mismo sexo, adultos con niños, y hasta actos abominables con animales. La indulgencia en excesos alimentarios hasta llegar a perturbaciones mentales en busca de placer. Además, promovieron la perversidad y la crueldad hacia otros seres humanos como si fuera una fuente de satisfacción. Los ángeles rebeldes también instigaron a la incredulidad en un Dios supremo y propagaron la creencia de que solo existe una vida, la vida terrenal, despojando a las personas de su conexión espiritual. Incluso los niños no escaparon de esta corrupción, y su inocencia eran perseguida y profanada.

La esencia de la corrupción se elevó hasta alcanzar la presencia de Dios, y esta plaga ofendió al Creador, ya que su creación sucumbió al engaño. En consecuencia, Dios decidió acortar la duración de los días del ser humano, declarando: "**No permanecerá por siempre mi espíritu en el hombre porque no es más que carne. Ciento veinte años serán sus días."**

Viendo Dios cuanto había crecido la maldad del hombre sobre la tierra y que todos sus pensamientos tendían siempre al mal. Se arrepintió de haber creado al hombre y se afligió su corazón. Dijo: "Borraré de la superficie de la tierra a esta humanidad que he creado, y lo mismo haré con los animales, los reptiles y las aves, pues me pesa haberlos creado." Noé sin embargo se había ganado el cariño de Dios. (Génesis 6:9)

(Metáfora) Noé era un hombre recto y sabio, siendo descendiente de Set, por lo que estaba familiarizado con los preceptos divinos, comprendiendo lo que agradaba y desagradaba a Dios. Basado en esta sabiduría, reconoció que su rectitud lo hacía merecedor de buscar la gracia de Dios. Así que, con profundo entendimiento, convirtió sus oraciones en cantos que emanaban de su espíritu hacia Dios, ya que comprendía que el aliento de vida que compartimos es, en última instancia, el espíritu de Dios.

El mundo se corrompió a los ojos de Dios y se llenó de violencia. Miró Dios a la tierra, y vio que estaba corrompida, pues todos los mortales en la tierra seguían los caminos del mal. Por su desobediencia, Dios enfurecido se dispuso a exterminar a los hijos de los Ángeles rebeldes junto con todos los demás por su fácil inclinación a lo malo.

Dijo Dios a Noé: "He decidido acabar con todos los seres vivos, pues la tierra está llena de violencia a causa de los hombres y voy a exterminarlos de la tierra". En cuanto a ti, construye un arca de madera…Y Noé hizo todo lo que Dios le había mandado. Dios dijo a Noé: "Entra en el arca tú y tú familia, tú eres el único justo que he encontrado en ésta generación." (Génesis 7:2)

(Metáfora) Noé tenía la convicción de que sus conocimientos provenían de Dios, ya que percibía que cada palabra que escuchaba era veraz. Reconocía lo que su ser sabía que no era apropiado, lo cual le inspiraba temor y lo alejaba de tales acciones, consciente de que podrían condenarlo espiritualmente al ofender a Dios. Por eso, desarrolló un discernimiento agudo y pudo prever la posibilidad de la destrucción venidera.

Así perecieron todos los vivientes que avía sobre la tierra, desde el hombre hasta los animales, reptiles y aves del cielo. Solo quedaron Noé y los que estaban con él en el arca.

(Metáfora) El diluvio representó una poderosa señal tanto en la Tierra como en el cielo. Luzbel y los ángeles rebeldes intentaron escapar hacia el cielo, pero Dios ordenó a los ángeles leales que expulsaran a los rebeldes, lo que desencadenó una monumental batalla. Lucifer, debido a su arrogancia, se resistió a la derrota y luchó valientemente contra los ángeles de Dios.

Dios confirió a un ángel llamado Miguel el poder para vencer y atar a los ángeles rebeldes. Como consecuencia de sus acciones impías, Dios transformó a Luzbel y a sus seguidores en formas deformes que reflejaban su impureza y maldad, creando una repulsión insoportable. Finalmente, fueron arrojados al mismo lugar donde yacía la antigua Serpiente, que simboliza la muerte, junto con todos aquellos que perecieron en el diluvio, tal como se describe en el libro del Apocalipsis (Apocalipsis 12:7-9).

Dios llevó a cabo una renovación tanto en el cielo como en la tierra, estableciendo una nueva alianza con la humanidad a través de Noé. Como parte de esta alianza, Dios prohibió a los ángeles rebeldes tomar posesión de cuerpos humanos o nacer en ellos. Los demonios solo poseen el poder de atormentar el espíritu humano, induciendo ira o tristeza debido a la impureza que surge del pecado. Estos tormentos pueden conducir a la condena personal de aquellos que cometen actos pecaminosos y también se utilizan para influenciar a otros, ejemplificando inmoralidad y tentándolos hacia el pecado.

    Noé construyó un altar a Dios y le ofreció sacrificio de animales puros sobre el altar.

    Dios al respirar el agradable aroma, decidió: **"Nunca más maldeciré la tierra por causa del hombre, veo que sus pensamientos están inclinado al mal ya desde la infancia. Nunca más volveré ha exterminar a todo ser viviente como acabo de hacer."**

    Dios advertía la maldad interior del ser humano, quien era libre de elegir sus actos buenos o malos, decidió que no volvería a ejecutar un juicio global sobre toda la tierra. (Génesis 8:22)

    Los hijos de Noé que salieron del arca fueron Sem, Cám, y Jafet. Cám es el padre de Canaan. Estos tres son los hijos de Noé, y de éstos se pobló toda la tierra.

    **Noé comenzó a trabajar la tierra y plantó una viña. Bebió el vino, se embriagó y quedó tendido sin ropas en medio de su tienda. Cam, padre de Canaan, vio que su padre estaba desnudo y fue a decírselo a sus dos hermanos que estaban fuera. Pero Sem y Jefet tomaron un manto, se lo echaron al hombro, y caminando de espaldas, entraron a tapar a su padre. Como habían entrado de espaldas mirando hacia fuera, no vieron a su padre desnudo.

Cuando despertó Noé de su embriaguez, supo lo que había hecho con él su hijo menor, y dijo: "¡Maldito sea Canaan! Será esclavo de los esclavos de sus hermanos"

¡Bendito sea Dios, Dios de Sem, y sea Canaan esclavo suyo! Que Dios agrande a Jefet y habite en las tiendas de Sem, y sea Canaan esclavo de ellos." (Génesis 9:28)

Noé no podía anticipar que Eva había sido contaminada en su ser por el mal, fusionándose con el hijo de Luzbel, que es la Serpiente antigua. Como resultado, la descendencia de Eva, que incluía a Abel el hijo de Adán, mostraba similitudes tanto en su aspecto físico como en su espíritu. Lo mismo ocurría con los descendientes de la Serpiente antigua como en Caín y, más tarde, con los de Cam. Por la maldad, el Diablo y la muerte dejaron su huella en la Tierra debido a esta fusión y heredaron el mundo de una manera que marcó el destino de la humanidad.

DIA TRES DE ENERO, DEL 2010

*E*l día tres de enero, antes del amanecer, tuve un sueño extraño y fuera de lo común que me inquietó hasta el día 25 de enero. Soñé que estaba en mi pueblo, donde nací, en compañía de mi madre y mis hermanos. En el sueño, nosotros, los tres mayores de la familia (Anallely, Ever y yo), teníamos a un hijo en brazos, y el mío era una niña. Estábamos sentados en dos camas grandes, una al lado de la otra. Conversábamos sobre nuestro fracaso al haber sido abandonados por nuestras parejas, dejándonos a cargo de nuestros hijos y nuestras ilusiones de una familia feliz.

También hablábamos de las preocupaciones que sentíamos porque nos encontrábamos en total miseria y no teníamos comida para alimentar a nuestros hijos y hermanos menores. En el sueño, incluso mi padre nos había abandonado.

Mi madre decía: "Pero Dios sabe que en nuestro corazón no hay malas intenciones, aunque hayamos fracasado en la vida. Él no nos abandonará y hará algo para socorrernos".

Completé yo: "Así que todos de pie y saldremos a buscar en el campo lo que Dios nos tenga preparado para comer".

Mi hermano Ever exclamaba: "¡Bueno! Esperemos que todavía tengamos agua en la llave, porque no hemos podido pagarla".

Todos juntos nos dirigimos al patio donde estaba la llave, y al abrirla, dábamos gracias a Dios porque había agua.

Me dirigí a mis hermanos: "¡Pronto! Llenen todo lo que puedan con agua, no sea que la vayan a cortar".

Mis hermanos apresurados sacaron ollas de barro de la cocina y las alinearon para llenarlas. Mientras llenaba la primera, mi hermano Miguel Ángel alertó diciendo: "¿Qué es eso en el cielo? Parece un remolino que mueve las nubes".

Yo, sorprendida, busqué y dije: "¿Dónde?" Entonces distinguí un pequeño remolino que absorbía el cielo junto con las nubes.

Exclamé asustada: "¡Dios mío! Creo que hemos dañado tanto el planeta que hemos abierto un abismo".

Pero me llamaba la atención una pequeña luz que salía del centro y que se hacía cada vez más grande. Junto con la luz, surgían pequeños relámpagos. De esa luz se formaba una imagen que parecía la de una paloma, la cual se transformaba en un hombre que parecía tener la inocencia de un bebé. Sus ojos irradiaban un resplandor que hacía que el alma saltara de alegría y, al mismo tiempo, experimentara temor e intimidación, como si estuviera frente a un ejército incontable de soldados. En ese instante lo reconocí: ¡Era Jesús, el hijo de Dios!

Me llené de terror porque sentía que su visita era por algo de gran importancia. En mi interior, me repetía: "¡No puede ser, eres tú!"

Me sorprendí al ver que me dirigió la mirada. En ese instante, pude escuchar que decía: "Ha llegado la hora, ni un instante menos ni uno más". Pronunció un nombre extraño, y detrás de Él surgió un espíritu blanco con la apariencia de un joven sabio y obediente. A una velocidad sorprendente, ese espíritu comenzó a viajar por todo el mundo.

Desde donde yo estaba, podía escuchar llantos y gritos de dolor, pidiendo ayuda, clamando que había muertos en todas partes: en sus casas, en los templos, en las calles y en las plazas.

Aterrorizada, exclamaba: "¿Qué está pasando? ¡No, detente!"

De pronto, Él me contestó: "Ya se cumplió la fecha de recoger a los santos".

Me sorprendí al darme cuenta de que conocía mis pensamientos y exclamé: "¡Pero tú puedes escuchar mis pensamientos!"

Él respondió: "Así es que los escucho mejor".

Yo estaba tan sorprendida y emocionada, pero al mismo tiempo asustada, y en el instante en que vi sus ojos, me llenaron de tranquilidad y amor. No pude evitar comentarle: "Eres diferente a cómo el mundo creía conocerte y eres mucho más de lo que la gente hablaba de ti. Si realmente te conocieran y sintieran tu presencia como yo en este momento, nunca permitirían que cruce por sus mentes un mal pensamiento, por amor a tu gran misericordia, para no ofender tu pureza y tu gran poder, ni hablar de ello. Ahora entiendo, al verte, lo que Dios quería para todos nosotros. Pero nos hemos hecho indignos incluso de tu ira; no la merecemos". Me miró con ternura, como si dijera: "Ahora comprendes".

Entonces, apresurada, le dije: "No soy nadie para pedirte que me des más tiempo de vida para hablarles de ti, al menos a mis hermanos. No sé si estamos preparados para irnos y tampoco sé cuán puros están mis hermanos. Ni siquiera recuerdo si hay algo que manche mi corazón, y quisiera que todos siguiéramos juntos en la eternidad".

Sin dejar de sonreírme, continuó comunicándose conmigo en pensamiento: "Ustedes son casi los últimos; no hay más tiempo. A cada uno como le toca y mi asignado fiel ya cumple. De hecho, comencé mi labor el primero de enero, pero nadie se dio cuenta hasta este momento, solo tú. Date prisa, tienes tres minutos antes de que llegue el ángel por ti".

Admirada por su respuesta, le pregunté: "¿Qué debo hacer con tres minutos?"

En ese momento, observaba cómo el ángel se acercaba cada vez más, emergiendo entre los pueblos y avanzando hacia el nuestro. desencadenando lamentos de dolor en aquellos que presenciaban la caída de personas sin vida a las que el ángel tocaba, sin que comprendieran verdaderamente lo que estaba ocurriendo a nivel espiritual.

Con desesperación, me volví hacia mis hermanos, pero seguían admirados por el giro de las nubes. Me di cuenta de que ellos no habían visto ni escuchado lo que yo había experimentado, así que los alerté para dirigirnos a la habitación de dormir. Tomé a mi hija entre mis brazos, mientras mis otros dos hermanos asustados hacían lo mismo con sus hijos. Corrí hacia el interior, y todos me siguieron, preguntando alarmados cuál era la razón.

Mientras entrábamos en la habitación, intenté explicarles lo más rápido que pude. De repente, vi a mi abuelito Felipe caminando por el patio, y solo yo podía ver al ángel tocarlo, lo que lo hizo caer muerto. Mis hermanos se asustaron, y mi madre lamentaba la pérdida de su padre.

Yo me limité a decir: "Ya viene también por nosotros, eso es lo que intentaba decirles. Rápido, acomódense en los bordes de las camas".

Todos encontraron un lugar, pero mi hermana, que había sido la última en entrar, fue alcanzada por el ángel y también cayó. Luego, mi madre sufrió el mismo destino, y el ángel se dirigía también hacia mí.

Mis últimos pensamientos eran: "Tarde comprendo que la muerte de los santos no es en tiniebla ni tormentosa. Es un ángel con la misión de guiar y llevar a la vida eterna a quienes merecen una muerte santa, sin dolor. El único tormento se encuentra en una muerte en tiniebla, en el pecado y en la rebeldía contra Dios. Es el sufrimiento de la conciencia de cada uno por no aceptar la partida, sabiendo que no hemos hecho nada bueno. Si tan solo tuviera más tiempo para hacer lo que debo hacer y estar segura de dirigirme hacia el único Padre verdadero. Porque nada es más importante que la pureza del alma. Si tan solo tuviera más tiempo para llevar todo esto al mundo y salvar a muchos".

En ese instante, ya podía sentir al ángel con su esencia fría mientras gradualmente envolvía mi cuerpo, tocaba mi alma y todo se sumía en la oscuridad. Abrazaba con amor a mi hija con mis últimas fuerzas y decía: "Pero ya es demasiado tarde".

La verdad es que este sueño me atormentó hasta el 25 de enero, y no solo en el ámbito onírico, sino también en la realidad.

Durante esos días, se hablaba constantemente de la devastación en la ciudad de Haití y de los comentarios sobre su cultura, lo cual se mencionaba con temor y respeto. Algunos incluso confesaban haber contratado a haitianos para realizar trabajos de Vudú, y al escuchar conversaciones sobre este tema, algunos se retiraban en silencio.

Yo entendí que este sueño tenía un propósito más profundo que un simple mensaje o reflexión para mi propia meditación. Aunque esperaba la señal que me indicara cómo y cuándo compartir mi testimonio, era consciente de que ese momento llegaría, y este sueño me sirvió como una alerta.

Para esa fecha, mi ser seguía estremecido, ya que el sueño ocupaba todo mi pensamiento. Sin embargo, mantuve la paciencia para no cometer errores, entregándome a la oración en busca de un discernimiento verdadero, con la esperanza de que el Hijo de Dios me proporcionara una respuesta. Efectivamente, esta vez me llevó a la reflexión de que el sentido de la vida no estaba limitado a mí, sino que también debía comunicarlo. Lo sentí claramente, sin la menor duda: ¡había llegado el momento!

Esta vez, la señal que recibí resultó ser más sencilla de lo que anticipaba. Esperaba algo más desafiante que lo que ya había experimentado, como la muerte, pero aun así, me impactó profundamente. Hasta que llegó el momento de ir a trabajar en ese mismo día. Creía que allí encontraría un descanso momentáneo de mi carga y esperaría la voluntad de Dios.

Félix pasó a recogerme y durante el camino al trabajo no hizo otra cosa más que hablarme sobre el mismo tema. Ya en el trabajo, comenzó a hablar de una lectura de la Biblia. En ese momento, él aún no sabía nada de lo que yo guardaba en secreto, pues estaba esperando el momento adecuado para que él y todos conocieran mi testimonio sobre la muerte y todo lo que conlleva. También quería revelar el papel de Félix como "el segundo testigo, el testigo de que yo había entrado en la muerte." Además, explicar lo que él representaba en este libro y cómo llegué hasta él de manera involuntaria y por qué.

A lo largo del tiempo, hemos sido testigos de innumerables casos de devastación en ciudades. Hoy en día, vivimos resignados a que este tipo de eventos pueda ocurrir en cualquier momento, y lo que sucede después de eso es incierto. Hasta entonces, nadie parecía responsabilizarse de nada más allá de ofrecer ayuda física. "Ignoramos la unión que deberíamos tener en la santa oración".

Por esta razón, considerando todo esto y en sintonía con el mensaje de mi sueño, comprendí que había llegado el momento de revelar la verdad que Cristo me había concedido. A lo largo de toda mi vida, siempre había sentido una inspiración en mi espíritu para escribir un libro, pero desde niña, me había sentido cautivada por los cuentos infantiles. Hoy, finalmente, Dios me mostró con claridad lo que realmente satisfaría mi alma: escribir sobre mi experiencia con la muerte y dar testimonio de la presencia de Dios en mi vida personal. Ya no importaban mis temores ni mis ilusiones; llegó el día y se cumplirá. Yo esperaba mi recuperación física para cumplir lo que prometí cuando me encontraba en la muerte: entregar mi propósito a Dios como promesa de vida. Solo esperaba su señal.

Esperé hasta la tercera ocasión para estar segura de que esta alerta también provenía de Jesús. Esta es la ocasión definitiva para rescatar a los santos para Dios antes de que la muerte los sorprenda dormidos, "inconscientes". Ha llegado el día del despertar de almas, de la resurrección de los muertos en el mundo espiritual, de levantar la Jerusalén espiritual y de la hora de expulsar al enemigo espiritual. Este enemigo nos lleva a la ruina y a la hora de la muerte, personalmente nos acusa delante de Dios. No permitiremos que tenga más poder sobre nosotros. Estamos vivos, aún tenemos oportunidad. Tiremos abajo el velo que nos separa de Dios para conocerle. Es hora de reconocer que los santos no son ídolos admirables, son nuestros hermanos. Sigamos sus ejemplos.

El mal no es un espíritu totalmente extraño que nos confunde o nos ataca en forma de accidentes o mala suerte. El mal está más cerca de lo que creemos, y lo conocemos muy bien; "somos nosotros mismos". A medida que aceptamos lo que no está bien, alimentamos el mal y, al mismo tiempo, deformamos nuestro ser al punto en que ni nuestra esencia es ya útil. En la sagrada Biblia, esto se conoce como la muerte. Aquellos que enfrentan y superan las malas costumbres y todo tipo de vicios, tomando control de sus tentaciones y soportando las humillaciones y el abandono de quienes desean verlos mal, son "los resucitados". En cambio, quienes mueren llenos de maldad son los que cayeron al abismo sin regreso, vivió y murió sin sentido.

Muchos se han perdido en cosas peores que la muerte (corporal) porque creen que Dios vive muy lejos, tal vez en otro universo. Incluso creen que Él se ha olvidado de nosotros, ya que nunca nos rescata cuando lo necesitamos. También creemos que el diablo no existe porque nunca nadie lo ha visto. Así que pensamos que estamos solos y hacemos lo que queremos debido a distintas circunstancias. En mi vida, me di cuenta de que tanto el bien como el mal estaban en mí, formando una sola persona que, como resultado, era "yo".

A lo largo de generaciones, se han preguntado cuál de todos los sacrificios es válido ante Dios: ¿el ayuno, dar limosna o ayudar al prójimo? Lo bueno que hagamos no debería ser considerado un sacrificio. El sacrificio es evitar hacer lo malo, de modo que solo quede lo bueno, y ya no será un sacrificio para nosotros; será el resplandor del ser interior, ya purificado. Por otro lado, si nos da vergüenza o miedo hacer lo bueno y comenzamos a tener problemas de salud y emocionales, es un síntoma de que el mal está ganando fuerza.

Aunque todos en algunas situaciones ya hemos cometido faltas a Dios por voluntad propia, te insto a que no sigas haciéndolo. El mal no solo llevará a cabo maldades a través de tu cuerpo, sino que después te atará con cadenas que representan pecado tras pecado. Buscará la oportunidad de que mueras en ofensa a Dios para así tener el poder de liberarse en una esencia que envenena a más personas. Su objetivo es avivar el odio, la tristeza y la culpa, y de esta manera reunir una gran cantidad de almas corrompidas en pecados.

Cuando cometemos faltas, a menudo creemos que nos identificamos con el mal y llegamos a sentir que le pertenecemos. Nos sentimos indignos de regresar a Dios, y debido a este sentimiento, buscamos refugio en otras personas, vicios, ídolos o en nosotros mismos. Creemos que si no le pedimos nada a Dios, no le debemos nada. No queremos ser juzgados por Dios ni por nadie, porque nosotros mismos elegimos nuestro destino.

Pero esto es un error. No estaríamos aquí si no fuera por nuestros padres, que por amor nos dieron la vida, y esto se ha transmitido a través de generaciones. Yo puedo confirmar que esa chispa de vida es lo más importante, ya que sin ella, no habría un cuerpo, y cuando hay vida, incluso podemos moldear nuestro cuerpo. Sería mucho más sencillo cambiar todo lo que nos rodea. Si nos nutrimos de esencias buenas, reflejaremos luz, alegría, seguridad, bienestar y paz. En cambio, si nos sumergimos en la maldad, solo propagaremos tristeza, humillación, desgracia y oscuridad para nosotros y aquellos que nos rodean.

¿Quién gobierna en nosotros, la Luz o la Tiniebla? Jesús fue el único hombre que le tenía pisoteada la cabeza a la tentación, ya que no solo conocía su descendencia y procedencia, sino que también podía percibir cuando se despertaba la maldad en las personas (Él es el maestro). El mal desea destruir a las personas, haciéndolas quedar mal delante de Jesús a través de la ignorancia o la indignación. Por esta razón, Jesús nos amaba aún más, porque sabía que en ese momento éramos esclavos del mal que habita en nosotros desde la creación del ser humano.

Los animales actúan por instinto y necesidad de supervivencia, mientras que nosotros no tenemos esa necesidad, ya que contamos con los talentos de la sabiduría en un cuerpo y mente maravillosos.

Lo malo que hacemos, lo hacemos con pleno conocimiento y hasta tramado. Damos consentimiento de obrar a la maldad en nosotros al no rechazar los malos pensamientos. ¡Malos, pero que nos fascinan! Por eso no los rechazamos. Así saciaríamos nuestras pasiones vergonzosas, lujuria, venganza, orgullo, ambición. Estas acciones, junto con otras que comienzan como simples pensamientos, nos llevan a cometer actos horribles, como asesinatos, violaciones, asaltos, entre otros.

No solo dañamos a los demás, sino que también dañamos nuestra propia alma. Al saciar nuestras bajas pasiones nos alimentamos en lo malo, esto quiere decir que la serpiente vive. Aunque a menudo no nos damos cuenta, nos desfiguramos primero espiritualmente y luego físicamente. Cuando finalmente nos damos cuenta de ello a través de la meditación, la reflexión y el análisis de nuestra propia conciencia, nos atemorizamos ante lo que hemos llegado a ser y anhelamos la muerte. Esto nos lleva a caer intencionadamente en vicios, provocar peleas, enfrentarnos a situaciones peligrosas o incluso considerar el suicidio.

Nos condenamos a nosotros mismos, ya que Dios nos permite elegir nuestro camino hasta el final, hasta que nos cansemos o nos asqueemos de tanta impureza. Él no nos condena; si nos alejamos de Dios, caemos en los deseos de nuestro corazón, caemos en la tentación y experimentamos el mal que posteriormente nos arrastra hacia la indignación. Es fundamental reconocer el bien, la paz y la armonía que se encuentran solo en Dios y decidir conscientemente quién queremos que gobierne en nuestro cuerpo, si la luz o las tinieblas.

Confío en las oraciones porque considero que la oración es el medio a través del cual permitimos que nuestro espíritu bueno lamente y clame a Dios en busca de fortaleza. Es un acto que nos permite confesarnos por lo malo que hemos cometido, sintiendo un profundo arrepentimiento por haber dañado a otros y a nosotros mismos. En ese momento, sentimos un dolor en el pecho, una angustia de haber cedido ante la maldad cuando nos acechaba. En un instante de ira, permitimos que la serpiente se convirtiera en un dragón que arrasó con todo, incluso con nuestra conciencia, llevándonos a odiar nuestra paz, nuestro amor por los demás y hasta nuestro propio ser. Comenzamos a rechazar nuestro lugar en la eternidad y en la sociedad.

Pero llegará el día en que nuestro espíritu confiese ante Dios: "¡Sí, lo hice, soy culpable! Cometí actos horribles, vergonzosos y sucios porque fui cobarde y no rechacé la maldad cuando me acechaba. Ese día nos liberaremos por el amor de Dios, y lo sabremos." Anhelamos ese día, cuando busquemos con ansias la liberación, y cuando llegue, seremos conscientes de nuestra libertad.

Creo que la liberación espiritual, que implica romper las cadenas del pecado, es similar a las curaciones milagrosas que Jesús realizaba en su tiempo. Él brindaba instrucciones espirituales, como "el que profane su cuerpo se destruye a sí mismo", pero si uno se arrepiente por amor a Dios, Jesús lo sanará. Para alcanzar esta liberación espiritual, uno debe sobrellevar el dolor y la angustia de su enfermedad espiritual, mental y física sin desesperación, ofreciendo todo a Dios hasta el final. Es en este punto donde comienza el proceso para que Dios eleve a un ser que estaba "muerto" en la sabiduría del hombre, que son las maldades. Es como renacer en el entendimiento del amor de Dios.

Solo debemos amar a Dios, ya que aquel que no está con Dios, está en contra de Él. Si un solo hombre que está en comunión con Dios es tan temido y respetado a lo largo de generaciones, como los antiguos profetas, entonces podríamos esperar que cosas aún más grandiosas y maravillosas ocurrieran si existiera un pueblo entero que caminara con Dios.

En teoría, en relación con el pueblo de Egipto del cual Dios liberó a su gente, la liberación no solo se trató de liberarlos de quienes los esclavizaban físicamente, sino de lo que los esclavizaba espiritualmente en este mundo. Esto incluía el libertinaje que provenía de la turbación a la que hombres y mujeres se sometían debido al consumo de licor, drogas y la adoración a ídolos, ya fueran objetos o personas (ver Éxodo 20:1-26).

Otra forma de idolatría se manifestaba a través del pretexto del amor. En este contexto, se justificaban acciones como la brujería, la concepción de hijos con el fin de retener a alguien en contra de su voluntad, el uso de inocentes para lograr estos objetivos sin su consentimiento mutuo, la desfiguración del cuerpo, violaciones, maltratos físicos y morales, asesinatos por amor, caer en tristeza y recurrir a la embriaguez o incluso al suicidio, así como la locura causada por el desamor.

La idolatría también se manifestaba en el transexualismo, donde hombres y mujeres buscaban un cambio completo en su ser espiritual, mental y corporal debido a su sentimiento de fracaso y la esperanza de encontrar una vida mejor al cambiar su género. Sin embargo, esto los alejaba de la realidad y los conducía a la ruina.

Hay alegría y energía cuando somos jóvenes, pero llega un momento en que esta juventud se desvanece, la fiesta termina y debemos enfrentar las consecuencias de nuestras acciones. Si no hemos construido nada significativo en nuestras vidas, nos preguntamos cuál fue el propósito de vivir o existir. Lo peor es que, a menudo, no nos preparamos para el último día de nuestras vidas, para dar explicaciones por nuestros errores a aquellos que quedan atrás, y ni siquiera en otra vida tendríamos tiempo suficiente para corregirlos. Nos quedamos con una conciencia atormentada por el conocimiento de que nuestra existencia causó más desgracias que bien.

Hemos desperdiciado nuestro tiempo en cosas que no tienen valor real, y hemos descuidado los talentos y dones que Dios, nuestro Padre, nos confió como una muestra de su amor único y verdadero. Estos talentos son heredados desde antes de nuestro nacimiento, y al llegar al final de nuestras vidas, seremos conscientes de si los hemos utilizado y multiplicado o si los hemos desperdiciado. Estos talentos son lo que presentaremos como una ofrenda a Dios, para que, a través de nuestras obras, podamos reconocernos como sus hijos y merecer entrar en el palacio de nuestro Padre.

Dios nos ha provisto de todo lo necesario para encontrar la felicidad en nuestros talentos, pero a menudo preferimos seguir caminos sin sentido que nos causan daño a nosotros mismos y, en consecuencia, daño a los demás. Nos perdemos en nuestras propias elecciones y, de esta manera, influenciamos a aquellos que son más ingenuos sobre cómo perderse también. Dios quiere rescatarnos de esta perdición y liberar nuestros espíritus, que a menudo mantenemos en la oscuridad, alejados de la luz que representa a Dios. La oración es una forma de nutrir nuestra conexión con Dios y encontrar el camino hacia la salvación.

VICIOS DE IMPUREZA

*L*a impureza atrapa y entretiene a los hombres y mujeres en este mundo, asiéndoles perder la conciencia de que un espíritu procedente de Dios habita en sus cuerpos. Un cuerpo que se nos ha dado como un precioso obsequio, un regalo de Dios. Este regalo divino les permite disfrutar de las bellezas del mundo, como colores, formas, aromas, y el sentido del tacto. También les otorga el privilegio de compartir el amor de Dios con sus parejas, sus hijos y de mostrar respeto hacia los demás y hacia sí mismos en un amor puro y divino.

Cuando se cae en el pecado, automáticamente se pierde lo espiritual. El pecado de agradarse y anhelar solo las cosas de este mundo como la fama, el poder y de los placeres corporales como sexo, licor, drogas y otros. Se ha renunciado libremente al derecho al cielo para terminar atrapados en un desenfreno del que después se pierde el control. Es como tener un pie en la tierra y el otro en el infierno.

Aquel que consiente el mal y después pretenda salirse, tarde se dará cuenta de que tuvo que pagar con lo más válido que tenía, como su reputación, dignidad, juventud, salud, hasta su relación con la familia y otros. Renunciar al mal no es tan fácil porque el Diablo y sus cómplices no tienen compasión y menos para el que quiera renunciar. Las tentaciones siempre estarán presentes las cuales por sobre todo deben ser superadas. Las personas que están siendo manipuladas y que obran para el diablo, no permitirían que alguien los delatara y dé testimonio de todas las cosas horribles que todos estos llevan a cabo. Estos cómplices siempre anhelan el poder sobre el que no conoce el mal para que estos inocentes se admiren de ellos y les alaben como sabios o héroes cuando no lo son, porque aparecen cuando quieren no cuando se necesitan.

¿Quién ha muerto y ha regresado para asegurar que no existe el cielo o el infierno? El que ha tenido una experiencia con la muerte sabe bien que las cosas de este mundo aquí se quedan, los espíritus son eternos sin importar el lugar que le corresponda ir, cielo o infierno. Por ejemplo, si el espíritu de una persona cayera en el infierno, no creo que le queden ganas de quedarse eternamente y menos de ver a otros que caigan ahí. ¡Al contrario, el que conociera el cielo, le gustaría irse ya y llevarse a todos con él para compartirlo eternamente! ¡Entonces, no se puede hacer el mal! Desafortunadamente ya nadie que esté en el infierno puede salir, ya que es un castigo eterno.

Cometemos actos malos debido a que la impureza perturba nuestra mente y el deseo por las cosas mundanas nos lleva a atormentarnos y, en ocasiones, cometer actos insensatos debido a nuestra falta de conocimiento de Dios. Los demonios, que han estado operando desde el comienzo de la humanidad, son conscientes de nuestros deseos y pueden influenciarnos negativamente, lo que hace más desafiante nuestra lucha interna por liberar nuestro espíritu del mal.

Requiere valentía estar dispuestos a luchar diariamente por algo que no tiene precio, que es la gloria de Dios. En el momento de la muerte, no tendrán valor las posesiones materiales que tengamos, ya que en ese momento no hay lugar para la corrupción; solo cuentan nuestras obras y las intenciones detrás de ellas.

La impureza nos lleva a perder la conciencia y a alejarnos de Dios al hacernos disfrutar de cosas contrarias a Su voluntad. No obstante, Dios, en Su misericordia, nos ha proporcionado orientación a través de la Sagrada Biblia para que sepamos cuáles son las cosas que le desagradan y así podamos buscar ser agradables a Él.

LA PUREZA

Los beneficios y saberlos distinguir. Como reconocer que estás con Dios, Dios está en la paz interior y la tranquilidad de la conciencia al saber que no hemos actuado en contra de Dios ni de nuestros semejantes. La pureza es un signo de nuestra alianza con Dios, y como resultado, experimentamos la armonía en nuestro espíritu, mente y cuerpo.

Solo en Dios podemos encontrar un tesoro invaluable: la paz interior. En Él, no existe la corrupción ni el soborno. La paz interior se logra mediante esfuerzos personales, al esforzarnos por ser personas agradables en todo momento, a través del sacrificio de renunciar a aquellas cosas que representan un peligro para nuestro espíritu, como los deseos carnales.

La carne es del mundo mortal y mientras transcurre su tiempo vive pendiente de los placeres que pueda adquirir porque reconoce que su tiempo es corto. La mente, por otro lado, anhela demostrar su ingenio creativo. Sin embargo, la paz es un atributo del espíritu y es esencial para su bienestar y existencia.

Toda clase de alimentos que se digieren causan efectos en nuestro cuerpo y alteran o estimulan la mente. Un consumo constante o excesivo de ciertos alimentos puede llevar a la adicción, que a menudo se manifiesta como malos hábitos alimenticios. La mente, al no recibir estos alimentos, puede reaccionar con ansiedad y desesperación para obtenerlos.

El consumo excesivo de alimentos sin valor nutricional real puede causar daño al cuerpo, debilitar el sistema nervioso y afectar el peso corporal. Esto puede resultar en una acumulación de grasa que afecta la estructura muscular, lo que, a su vez, puede tener un impacto negativo en el cerebro. Estos problemas de salud pueden manifestarse como enfermedades como la artritis y aumentar el riesgo de ataques cardíacos. Este deterioro de la salud puede llevar a una vida con numerosos problemas emocionales y físicos.

Dios nos creó a su imagen y, como un testimonio de su amor por nosotros, se manifiesta a través de los alimentos que nos brinda en cada temporada. La misma tierra produce frutas y verduras que son apropiadas para mantener nuestra salud, tanto física, mental como espiritual. Estos alimentos se convierten en un regalo completo cuando los recibimos con gratitud hacia Dios, ya que esto refleja la comprensión de su constante acercamiento hacia nosotros a través de su amor infinito. Dios nunca nos abandona y nos otorga la vida en muchos aspectos, ya que su deseo es que vivamos plenamente, tanto en nuestro cuerpo como en nuestro espíritu.

"La carne atrae a la carne y a las cosas de la carne." Esto significa que si cedemos ante la tentación de la comida de manera incontrolable, y solo buscamos el beneficio corporal, esto puede desencadenar el deseo por cosas impuras, como debilidades, ansiedad, excesos en el consumo de alcohol, drogas, comportamiento sexual inadecuado, ira, insatisfacción personal, tristeza, y otros deseos materiales sin fin. Estos deseos conducen a preocupaciones, enfermedades, crímenes y otros comportamientos perjudiciales que, en última instancia, resultan en muerte espiritual. Con el tiempo, esta desconexión de lo saludable y la vida plena en agradecimiento a Dios nos aleja de Él. (Para una reflexión más profunda, consulta Levítico 11).

IDOLATRÍA

(Isaías 44:6-20)

Los que se dedican a tallar estatuas de dioses no son nada por muchos que sean, y esas obras a las que quieren no sirven para nada. Sus partidarios no ven ni entienden nada, pero al fin se decepcionaran. ¿Cómo se les ocurre fabricar un dios o fundir una estatua que de nada sirve?

El herrero trabaja con la fragua y a martillazos da forma a su obra; la trabaja con la fuerza de sus brazos. Siente hambre y se cansa y se agota. El escultor mide la madera, dibuja a lápiz la figura, la trabaja con el cincel y le aplica el compás. Lo hace siguiendo las medidas del cuerpo humano, y con cara de hombre, para ponerlo en un templo. Para esto tuvo que escoger un cedro o un roble entre los arboles del bosque, o bien plantó un laurel que la lluvia hizo crecer. El hombre ya tiene para hacer fuego, para calentarse y para cocer el pan. Pero también fabrica con esa madera un dios para agacharse delante de él; se hace un ídolo para adorarlo. Echa la mitad al fuego, pone a asar la carne sobre las brasas, y cuando está listo, sé come el asado hasta quedar satisfecho. Al mismo tiempo, se calienta y dice: "Me caliento mientras miro las llamas". Y con lo que sobre sé fabrica su dios, su ídolo, ante el cual se agacha, se tira al suelo, y le reza diciéndole: "Sálvame, pues tú eres mí dios".

No saben ni entienden. Sus ojos están tapados y no ven; su inteligencia no sé da a la razón. No reflexionan ni son capaces de pensar o entender y decirse: "He echado la mitad al fuego, he puesto a cocer el pan sobre las brasas, he asado la carne que me comí, ¿y con lo que sobra voy a hacer ésta tontería? ¿Y me voy a agachar ante un trozo de madera?"

Ése es un hombre que se alimenta de cenizas; tiene su corazón engañado y sé perderá. No será capaz de recapacitar y de preguntarse: "¿Qué tengo en las manos sino puras mentiras?" (Véase también, Romanos 1:25-32, 1Corintios 8:1-13, Jeremías10:1-16, 1Corintios 10:1-33, 1Reyes 15:9-13, Daniel 14:1-22, Baruc 6:1-71, Sabiduría 13, 14, 15, Isaías 66:1-6 y Daniel 4:5-20).

Llegó el día de mi juicio y la hora para presentar mi misión, y cuando se me pidió cuenta, me vi con las manos vacías. En espíritu, me elevé para buscar en el universo, desesperadamente buscando una forma de salvar mi alma. Vi a una cuarta parte de la tierra arrodillada, ofreciendo incluso el pan de sus hijos en ofrenda a estatuas de ídolos deformes. Sus vidas, al igual que las de sus generaciones, estaban esclavizadas para servir a un ídolo inútil, una imagen que no albergaba ni el bien ni el mal.

En espíritu, le pregunté al Señor Dios: "Pero todos están unidos adorando algo que también ha salido de tu creación, entonces te adoran de igual modo a Ti. ¿Qué de malo hay en esto?"

Dijo Dios: "Por adorar ídolos, me dan la espalda. Sus sacrificios y sus vidas las ofrecen a esa abominación, cuando yo los he creado esperando agradarme y complacerme de ellos, así como un padre se alegra con los besos y abrazos de sus pequeños hijos."

"¡Señor, pero tú eres Dios! ¡Tú puedes cambiar todo esto!", le dije.

Respondió: "Les he dejado para que cuando les venga la ruina, la peste y las desgracias clamen a sus ídolos y vean que estos no los salvan, no se levantan ni se mueven, porque no hay vida en ellos. Y de esta manera, los que adoran estas imágenes puedan recapacitar y regresar a mí, que les doy la vida y todo lo que hay en ella. Pero no pueden, se han refugiado en este su dios para hacer los deseos de sus corazones llenos de impurezas. ¡No se dan cuenta de que todo esto solo puede venir del mal! De esto, se agradan los demonios, ellos los confunden para que los que les adoren se pierdan. Las imágenes les pertenecen a los demonios." (Véase Mateo 15:7-20)

En ese momento comprendí que la muerte tenía el dominio sobre esta tercera parte de la tierra. Porque si en cualquier momento el mundo llegara a su fin, estos individuos se sumirían en las tinieblas. ¡Dios los perdería, perdería a estos hijos para siempre!

También comprendí que a pesar de todo, Dios nos ama; es paciente con nosotros y no nos quita la vida. Más bien, la extiende para darnos tiempo de que alcancemos la conversión a través de la reflexión.

"El que no se arrodillara ante la bestia, la bestia le mataría, pero el que se arrodille, ya perdió la vida."

Sí alguno adorará a la bestia o a su imagen y se deja marcar, tendrá que beber de la copa de enojo puro de Dios; caerá en todas clases de turbaciones aquí en la tierra. Las plagas representan la manifestación de la ira de Dios, con el propósito de que reflexionemos. Aquel que no medite para liberarse de este estado de sugestión, ignorancia, práctica o turbación podría perderse y será atormentado con fuego y azufre delante de Dios, Jesús y los santos en el día de su juicio.

De la copa de la ira de Dios también beberán los santos para ser probados. Este es el tiempo de soportal para todos aquellos que guardan los mandamientos de Dios y de la fe en Jesús. Estas pruebas o tentaciones no son solo para unos y otros no, son para toda la humanidad. En las pruebas (ordalías) está la perfección del alma o espíritu. No se trata solo de soportar, más bien de clamar a Dios para comprenderlas y reconocer el error para así con la ayuda de Dios conseguir salir justo a tiempo.

La comprensión es una herramienta poderosa para liberar al espíritu de ataduras, como los odios, las tristezas y los resentimientos que provienen del mal y que nos ciegan para no ver la gloria que Dios tiene preparada para nosotros. En ocasiones, la falta de comprensión y la duda en la existencia de Dios pueden llevar a la pérdida de la fe en Él. Es importante buscar la comprensión y la reflexión para superar estas dudas y fortalecer nuestra fe en Dios.

Para el vencedor, significa alcanzar la santidad o despertar a la conciencia de la vida y la muerte, teniendo un conocimiento total de sus propios dones y talentos, así como la comprensión para respetar sus limitaciones y las de los demás. Las pruebas se deben superar para alcanzar la santidad. La recompensa de la santidad te libera de la impureza del mundo y de la segunda muerte en el estado espiritual, permitiéndote participar de la luz en la vida eterna.

A Dios nadie puede engañar, pues Él conoce lo más íntimo de nuestro ser. Para entrar en Su reino, es necesario registrarnos en el libro de la vida, donde están inscritos Sus llamados a la casa espiritual a través del, (Bautismo). También me mostró el corazón de unos hombres guardados en sus espíritus, en pureza agradable a Dios y que eran escuchados por Él. Complacidos por Dios en todo cuanto pidieran, Los Sacerdotes, designados como intermediarios entre Dios y la humanidad.

Estos idólatras ni siquiera tenían la posibilidad de cambiar, pues no querían saber nada del único y verdadero Dios. En cuanto escuchaban Sus mandamientos, se cerraban por completo en su interior.

También vi otra clase de idólatras; se hacían de sus propios cuerpos imágenes para adorarse a sí mismos. Le proveían de cuanto fuera posible para deformarlo y complacerlo. Por modificar sus cuerpos eran capases de robar, engañar, prostituirse; creyendo hacerle bien lo forzaban en ejercicios, drogas, cirugías estéticas, implantes, tatuajes y otras prácticas.

Dios en un instante me muestra el cuerpo formado de aquellos, pero también me hizo sentir y comprender por un instante como todo esto le afectaba a su cerebro. Su cerebro era sometido a soportar gran cantidad de dolor y el cerebro se esforzaba por hacerlo desaparecer. A causa de todo esto conseguían que la función normal del cerebro se desequilibrara. El cerebro le distribuía informaciones equivocadas al cuerpo y se manifestaban en forma de enfermedades como un intento de liberarse de los tormentos y dolores.

Había otras personas que hacían de su pareja un ídolo, dispuestas a someterse en todo, incluso si eso implicaba hacer cosas malas. Lo hacían en nombre del amor, pero olvidaban a Dios en el proceso. Por su pareja, eran capaces de odiar, cometer actos delictivos, e incluso llegar al extremo de matar o considerar el suicidio.

Los que tienen un amor propio desmedido se convierten en su propio dios, dejándose llevar por sus propios deseos egoístas. Los demonios se aprovechan de estas debilidades y les ofrecen una multitud de placeres temporales, confundiéndolos y utilizándolos para llevar a otros por el mal camino.

Es más fácil para los demonios influenciar y vencer a aquellos que tienen corazones ambiciosos, llevándolos por el camino de los vicios y la ruina. En lugar de buscar a Dios, se alejan más de Él, permitiendo que el mal los utilice como títeres, lo que puede llevar a extremos como el transexualismo. Todo esto es resultado de permitir que los malos pensamientos se arraiguen en el corazón y finalmente se traduzcan en acciones. Estos son síntomas de una persona muy enfocada en lo material y corporal, en lugar de lo espiritual.

Otra forma de idolatría es admirar a otra persona y querer ser esa persona o como esa persona, olvidándonos de ser quienes somos. Cada uno de nosotros es único, con nuestras propias limitaciones, virtudes, dones y talentos. Dios ve lo que guardamos en lo más profundo de nuestro corazón y espíritu, y es nuestra pureza la que nos hace agradables a Él. En lugar de desear ser como otra persona, debemos aprender a valorarnos y aceptarnos tal como somos, reconociendo los dones que Dios nos ha otorgado.

La cruz es la responsabilidad que Dios nos ha entregado, que consiste en ser uno mismo como hombre o mujer. La felicidad radica en aceptar y valorar quiénes somos, siendo agradables ante Dios, sin engaños ni pretensiones de ser lo que no somos.

EL BUDA SIDDHARTHA GAUTAMA

Budismo alrededor del siglo V, A.C., Siddhartha Gautama: Al parecer, en este relato se encuentran diferentes episodios de crisis que son clave y que constituyen la búsqueda espiritual del ser humano. El Buda, como sería conocido posteriormente, fue alguien que experimentó compasión y sufrimiento al observar diversas situaciones de la vida, según se relata en su historia.

Los cuatro encuentros fueron los siguientes: A pesar de las precauciones de su padre, Siddhartha logró salir del palacio en cuatro ocasiones, en las que vio por primera vez en su vida a un anciano, a un enfermo, a un cadáver y, por último, a un monje. Un "monje" se refiere a una persona que se dedica a la práctica y el ejercicio de la perfección espiritual, llevando una vida sencilla y sobria, conocida en ese tiempo como asceta. Realidades que Siddhartha desconocía personalmente.

A los 29 años, después de contemplar los cuatro encuentros, Siddhartha Gautama decidió emprender una búsqueda personal para explorar el problema del sufrimiento. A esta decisión se le conoce como "la gran renuncia," ya que renunció a todos sus bienes, herencia y posición social para seguir prácticas religiosas y santas.

Siddhartha se dio cuenta, después de casi morir de hambre debido a un estricto ayuno, (una excesiva práctica del ayuno y apoyándose en la obediencia moral), que la moderación entre los extremos de la mortificación y la indulgencia moral le permitía aumentar sus energías, lucidez y capacidad de meditación. Este descubrimiento, al que llamó "camino medio," lo llevó a comer algo y sentarse bajo una higuera con la promesa de no levantarse hasta encontrar una solución al sufrimiento. (Ver Daniel 10:2-12 y Mateo 4:1-2).

En la primera parte de la noche, Siddhartha Gautama obtuvo el conocimiento de su existencia anterior; (descubrió el estilo de vida que había llevado anteriormente). Durante la segunda parte de la noche, alcanzó el conocimiento de ver a seres que morían y renacían de acuerdo con la naturaleza de sus acciones, (ya fuera en el bien o el mal). Finalmente, durante la última parte de la noche, purificó su mente y adquirió un entendimiento directo de las Cuatro Nobles Verdades.

Como última prueba, se presentó "Mara", (que se interpreta como un demonio que representa la tentación o la invitación a la maldad en personas ambiciosas.) Mara intentó tentarlo de diversas maneras, pero Siddhartha no cayó en esas tentaciones. Este logro lo liberó del aferramiento a las pasiones, sin reprimirlas, y le permitió destruir la cuarta y quinta cadena. (Ver Mateo 4:3-11 y Éxodo 20:3-6).

Al final, Siddhartha Gautama comprendió que había alcanzado un estado definitivo que él llamó "cese del sufrimiento" y declaró: "Hecho está lo que se debía hacer".

Tras alcanzar la iluminación, dedicó el resto de su vida a difundir sus enseñanzas en el norte de la India. (Véase Lucas 4:14-37).

"Todos los seres humanos tienen el potencial de lograr el cese del sufrimiento y comprender la naturaleza del despertar". (Véase 1 Corintios 15:29-58).

El propósito del Budismo es la eliminación definitiva del sufrimiento, la insatisfacción vital o el descontento que se manifiestan inevitablemente en uno u otro momento de la vida. La causa de esta insatisfacción, frustración y tensión, etc., es el deseo, entendido como los movimientos de la voluntad, que nos llevan a la aceptación o el rechazo, dando lugar al aferramiento, los rencores, las preocupaciones, el temor, y otros sentimientos. (Véase Gálatas 5:13-26 y 6:1-16).

Todas estas pasiones se desarrollan debido a la creencia en un "yo" que se experimenta como totalmente único y existente por sí mismo. En este estado, el "yo" percibe que depende de varios factores materiales o emocionales para existir. En el budismo, este "yo" se considera una ilusión a la que las personas se aferran. Es un efecto que surge de la ignorancia, es decir, de una percepción errónea de la vida. (Véase Romanos 7:14-25 y 8:1-21).

Según el budismo, el cese definitivo de este problema se produce con el despertar. Este despertar implica abandonar una percepción errónea del entorno en el que vive y de la vida que lleva la persona. La persona llega a comprender directamente la verdadera naturaleza de la realidad y de sí misma. El despertar implica experimentar directamente la realidad más allá de la comprensión corporal y de las apariencias engañosas de la realidad, incluyendo la propia identidad, que anteriormente se percibía de manera irreal. En este proceso, la persona también llega a ser consciente de la existencia del Creador, que es Dios.

Esta experiencia de transformación conduce a un nuevo estado incomprensible, que solo se puede señalar con ejemplos e indicar al seguidor cómo alcanzarlo por sí mismo. Se busca evitar los extremos de la búsqueda excesiva de satisfacción por un lado y la mortificación o el sufrimiento innecesario por el otro. Este despertar conlleva la comprensión de la sabiduría, la conducta ética y el cultivo de la mente y el corazón a través de la concentración, la atención y la plena consciencia del momento presente de manera continua.

La liberación del individuo no se limita únicamente a un conocimiento lógico, teórico o intelectual, sino que implica una comprensión genuina y una aceptación interna. Esto incluye el conocimiento de las propias capacidades y limitaciones, así como la intención de realizar actos que beneficien al espíritu.

Toda acción intencionada genera uno o varios efectos que se manifiestan en cualquier forma de acción, ya sea a través de palabras, acciones corporales o pensamientos. Incluso los movimientos de la voluntad, que pueden ser conscientes o reflejos, provienen del espíritu, aunque a nivel corporal no siempre seamos conscientes de ello.

Los espíritus buenos o malignos se distinguen en función de la naturaleza de las acciones que realizan. Estas diferencias son las que determinan si los seres tienen vidas más largas o cortas, si gozan de riqueza, belleza, salud o sabiduría. En realidad, estas circunstancias no ocurren por casualidad, sino que son influenciadas por el espíritu. El papel que desempeña una persona en lo espiritual se basa en su individualidad, que se manifiesta a través de la experiencia de la realidad y el despertar personal.

Los factores mentales surgen de diversas combinaciones, influenciados por elementos como la Sagrada Biblia, la televisión, la radio, la lectura y otras influencias. Estos factores pueden dar lugar a diferentes estados de conciencia y a cambios físicos que se derivan de la voluntad de las personas. En este contexto, los movimientos de la voluntad juegan un papel importante, ya que condicionan y refuerzan hábitos y tendencias. Las diferencias en las acciones se expresan en términos de habilidad o destreza: las acciones torpes suelen ser resultado de intenciones malas, mientras que las acciones hábiles están asociadas a una buena intención y saludables.

Algunas personas están atrapadas por la ignorancia en un ciclo de sufrimiento, este proceso es constante y heredado, mientras la ignorancia no se elimine (erradique); de nuevo se repite el proceso sin fin.

"¿Busca erradicar la ignorancia y romper esta cadena, el cese de esta cadena?" (Véase, Efesios 5:8-20).

El renacimiento o despertar es un proceso que permite la manifestación de la existencia de seres conscientes. No se considera deseable, ya que su propósito es liberar a la persona de la cadena de causas y efectos. Mientras no se alcance un cese de este ciclo, nuestra vida se considera samsárica o, (pagana).

El individuo debe experimentar las circunstancias en las que le toca vivir, y al mismo tiempo es el único responsable de las decisiones que tome frente a ellas. No existe un dueño de sus pensamientos (alguien que administre los pensamientos), el cual a la vez es el único responsable de lo que decida hacer con estos. La aceptación o el rechazo son por tanto la clave para conseguir más (equilibrio) respecto a sí mismo y al mundo; "el despertar" o "la iluminación". (Véase, Mateo 13:37-43 y Efesios 6:10-18).

Buda Gautama afirmó que es posible el cese definitivo del sufrimiento y de salir del círculo localizando el origen y llegar al desprendimiento (de rencores, ambiciones, odios, tristezas y adicciones) se revelan a medida que avanzas en el proceso del renacimiento o el despertar. Alcanzar este estado de liberación implica vivir una nueva experiencia y comprensión de la naturaleza de la vida, la muerte y el mundo que nos rodea.

"Duhkha," el sufrimiento existe, la causa; el deseo, el querer, el anhelo, ambición y la ansiedad. El origen; la raíz de duhkha es el anhelo, el ansia o la sed de situaciones o condiciones placenteras. Creemos erróneamente que ciertos actos, logros, objetos, personas o entornos nos proporcionarán una satisfacción permanente del "yo." No es más que una fabricación que no es permanente en la mente ocasionando el origen del anhelo. Este anhelo es resultado de la ilusión o ignorancia en la vida samsárica, (pagana) que significa una existencia cíclica. Los seres samsáricos no comprenden la verdadera naturaleza del espíritu y cómo funciona. (Véase Colosenses 3:5-17).

Existe un (noble) camino para lograr este cese: Siguiendo estos principios y practicando la disciplina en cada una de estas áreas, se puede avanzar hacia la liberación del sufrimiento y el despertar espiritual. Estos son los pasos para lograrlo. **Sabiduría:** Visión o comprensión correcta, pensamiento o intención correcta. **Conducta ética:** Habla correcta, acción correcta y medio de vida correcto. **Disciplina mental:** Meditación adecuada, esfuerzos o diligencia, conciencia del presente o permanecer alerta, concentración o meditación correcta, no ocasionar daño, moderación- lo que significa no reprimir ni aferrarse en exceso a nada; esto es lo que se conoce como el camino medio.

Es cierto que nuestras acciones pueden tener consecuencias dañinas para nosotros mismos y para los demás. Para evitar causar sufrimiento y remordimiento, es esencial practicar la mente hábil, lo que significa evitar todas las acciones que puedan causar daño o malestar. La intención y el esfuerzo son factores determinantes en nuestras acciones finales. Al ser conscientes de nuestras intenciones y esforzarnos por actuar de manera ética y compasiva, podemos contribuir a un mundo más positivo y reducir el sufrimiento tanto en nosotros como en los demás.

La meditación es, de hecho, una práctica destinada al cultivo de la mente. A través de la meditación, las personas pueden enfocarse en la realidad, aumentar su comprensión y sabiduría, y experimentar una mayor calma mental, tranquilidad y paz interna.

"Llevamos este tesoro en vasos de barro".
(2Corintios 4:1-18 y 5:1-10).

En el budismo, el <u>loto</u> es el símbolo del despertar. El florecimiento del loto representa al momento de santidad del despertar espiritual.

El Buda solo llegó a percibir la existencia de un espíritu que reside dentro de un cuerpo. Este espíritu es un ser consciente, pero el cuerpo no lo es. El cuerpo es como un medio para acceder a la materia. Por esta razón, utilizamos tanto lo que es visible como lo que no lo es, como el agua y el oxígeno; vemos el agua, pero no percibimos el oxígeno. El Buda solo alcanzó el límite entre la vida y la muerte; a través de esto, logró vislumbrar lo que existe más allá de lo material, como la dimensión de forma y esencia. Al experimentar todo lo que existe en lo inmaterial y al mismo tiempo mantener su vida corporal, esta experiencia se conoce en términos de renacimiento, ya que existe el riesgo de que los seres que están o existen en esa dimensión lo ganen y no regrese a esta vida.

El espíritu no puede poseer otro cuerpo que no sea el suyo. El cuerpo y el espíritu son exactamente compatibles en esencia.

El buda llegó a la comprensión de que no se puede vivir en toda materia o toda esencia, se necesita equilibrio. Y para esto está el poder de la conciencia y la reflexión de analizar y meditar lo que es bueno y malo. Y así llegar a una firme decisión por el estado que se desea; a la maldad en la oscuridad o reluciente en alegría.

El renacimiento: Son muy pocas las personas que lo buscan. La mayoría le temen por ser desconocido y no quieren dejar lo que ya conocen, de hecho se sienten muy cómodos con la que conocen y hasta lo disfrutan. A esto el buda llama vida samsarica y el catolicismo, (paganismo).

Para vivir esta nueva vida en el despertar es necesario continuar un proceso de despojo o no apego por lo material sin dejar de poseer bienes. No aferramiento por los sentimientos de odio, tristeza o pasión sin dejar de ser social y afectuoso. Teniendo la capacidad del desapego sin perder el respeto hacia uno mismo o a los demás.

El buda menciona el cultivo de la mente. Él trata de plasmar que por medio de la meditación hagamos una limpieza de nuestros pensamientos, desechando los que dañan nuestra forma de vivir y usar los que nos harán mejor como personas o nos lleven a la ventaja de superarnos.

El buda no entró a la muerte: Él no habla de un cielo o un infierno porque no se enfrentó con la muerte, no pasó por una agonía. Él habla de un renacimiento, pero él seguía siendo el mismo, pero sí resalta a demonios o lo que él llama mara; (seres aberrantes ofreciéndole tentaciones ambiciosas para el mal). Él no da testimonio de un Dios, ya que él no entró a un juicio.

El buda, un hombre que alcanzó el "Despertar", que es hacerse consiente que sí existe un espíritu en cada uno de nosotros. Y que los pensamientos desbordados, sí se pueden dominar al hacernos conscientes de que son parte de estar vivos en cuerpo y al igual que todas las demás sensaciones. La diferencia está en que no todo es bueno y debemos hacer una elección definitiva.

En la iglesia católica esto es considerado alcanzar la "Santidad" por medio de la fe, de que existe otra vida después de esta o la extraordinaria experiencia de la agonía, la muerte y el juicio teniendo el privilegio de regresar a esta vida con todas sus ventajas y desventajas.

No se debe adorar a ninguna imagen en especial ni hacerle peticiones; es seguir el ejemplo de aquellos que han tomado conciencia de la existencia de Dios (los santos). Absolutamente nada ni nadie tiene el poder de condenar o salvar un alma. Solo aquel que es capaz de darnos un juicio, ese ser que conoce todas nuestras debilidades y todas nuestras acciones, ya sea en el bien o el mal, porque también Él posee un cuerpo al igual que nosotros. ¡Es el Hijo de Dios, nuestro Señor Jesucristo!

Al igual que se señala el Día de Todos los Santos para reconocer a los santos, ya sean conocidos o desconocidos, "el Buda fue representado y especificado en una imagen". (Véase, Hechos 14:8-20)

En Dios está el poder para hacer que se dé testimonio de Él o no. Ese ser que no es visible, pero se hace visible en la sabiduría de como la creación está establecida, "incluyéndonos a nosotros".

CADENAS DE FAMILIA; MARIA, FELIX

MARIA:

*L*as cadenas significan las generaciones que han vivido en la falta de conocimiento en Dios, quienes han llevado una vida en la supervivencia heredada de nuestros padres y así sucesivamente por generaciones. Si alguien de entre estas generaciones encuentra el entendimiento de lo espiritual que proviene de un solo Dios, esta persona comienza el proceso de despertar a la santidad. ¡Además, es el liberador de su descendencia en lo corporal, moral y espiritual; con esto se dice que ha roto las cadenas!

En algunos casos se da por la intervención de alguno de la familia, por ejemplo: La familia de mi padre son católica, pero inconscientes, me refiero a que no tienen una meditación intensa de la existencia de un Dios; sin embargo, buscan llevar una vida correcta. En cambio, en la familia de mi madre, mis abuelos siempre nos hablaban incansablemente sobre las maravillas que Dios nos ha regalado en la creación del universo. Decían que tanto la concepción como la muerte eran eventos permitidos por Dios y que cada ser humano tenía un propósito en su existencia, ya sea en su nacimiento, durante su vida o en su muerte.

En aquel tiempo, era yo muy joven. Pasó el tiempo, y me parecía que todos mis tíos llevaban una vida común, aunque correcta. Me fastidiaba tratar de entender lo que significaba "esperar", y empecé a no darle importancia a sus palabras. En cambio, mi abuelita me hablaba de la gracia que trae la paciencia. Yo no tenía ni idea de lo que significaba la "paciencia". Intenté conseguirla siendo paciente, pero eso me ayudó a reconocer que no estaba en mí.

La verdadera doctrina que quedó grabada en mi mente y en mi corazón fue su ejemplo de vida. Mi abuelita es una mujer valiente en todo aspecto, ya sea en el trabajo, en la vida, en el amor, en la paciencia, en la disciplina, en lo espiritual y, sobre todo, en ayudar a otros.

Al principio, creía que se trataba de la educación que habían recibido de sus padres o de su propio orgullo y dignidad. Con el tiempo, me di cuenta de que eran impresionantemente estables. No importaban los problemas o los tiempos buenos o malos, ellos no cambiaban. Para ellos, la gracia ante Dios era primordial; es decir, no cometer actos que ofendieran a Dios.

Ambos tuvieron una infancia un poco difícil al principio, ya que crecieron durante la Revolución Mexicana. Mi abuelita creció con sus padres y hermanos, pero no llegó a conocer a sus abuelos. Era la más joven de su familia, y hoy en día es la única que sigue con vida. Por otro lado, mi abuelito se crió con su madre y su hermana, ya que quedaron huérfanos de padre. El resto de su familia se dispersó debido a la revolución, y él no llegó a conocerlos. A pesar de esto, ambos saben leer, escribir, tienen conocimientos de matemáticas, han recibido todos los sacramentos y poseen muchas propiedades. Por esta razón, son ejemplos vivos de que Dios viene en primer lugar; obedecer sus mandamientos, ser fieles y recibir sus sacramentos.

A simple vista, parecían sencillos y humildes, pero en realidad, poseen un espíritu incansable, son responsables y están llenos de gracia, talento y sabiduría. Siendo yo todavía pequeña, no comprendía esto por completo, e incluso llegué a pensar que era simplemente sugestión o un hábito humano. Ahora sé que no es casualidad, porque en Dios tienen sentido de existencia.

Cuando alcanzo a conocer el propósito de Dios para todo ser humano también yo soy consciente de mi sentido de existencia. Logro ubicar mi lugar en la cadena de generación por parte de mi padre; rompo lo que me unía a ellos, que era la 'inconsciencia' que me arrastraría al mundo y a continuar su cadena con mi descendencia.

Este logro lo pago con sangre, tormento y, finalmente, con la muerte. Así obtengo la liberación de esa cadena y la honra a la felicidad de mi madre y sus santos padres porque la fidelidad de aquellos que aman a Dios no puede quedar en vano. Dios es todopoderoso, misericordioso y eterno para todos. Ahora entiendo plenamente la gran importancia y valor de los sacramentos establecidos en la santa iglesia, tanto en el ámbito físico como espiritual.

"Agradezco a Dios y a Jesús por la institución de su iglesia y por permitirme comprender, vivir y ser parte de este escrito para aquellos que buscan saber qué sucede después de que el cuerpo se acaba."

FELIX:

Félix A. Gómez; también ahora he roto las cadenas de una de mis descendencias. En mi siete u ocho años, fui consciente de que vivía en el campo, en la casa de mis abuelos paternos, en un pequeño pueblo llamado Pananao Abajo, en San José De Las Matas, República Dominicana.

Mis abuelos tenían más de sesenta años en ese momento. Teófilo y Luz Edubina Gómez, para ese tiempo, sus hijos ya eran independientes y casados. Yo les hacía compañía y ayudaba en las labores del campo, cuidando el ganado y trabajando en la agricultura.

Lo que más recuerdo de mis abuelos es su fe y paciencia en Dios. Cada noche, alrededor de las ocho, nos preparábamos para irnos a dormir. La cocina estaba ubicada a unos cien pies de distancia del bohío donde dormíamos. La oscuridad era intensa, especialmente cuando no había luna llena, y al salir no podíamos ver ni nuestras manos frente a nuestro rostro, ya que en ese campo no había luz y nos alumbrábamos con lámparas de gas.

Antes de acostarnos, todas las noches, mis abuelos y yo rezábamos un rosario. Después de completar el rosario, agradecíamos a Dios por todas las peticiones que mis abuelos habían hecho y que Dios había concedido. Su fe en Dios era tan grande que cuando pedían algo, lo daban por hecho.

Yo les preguntaba cómo sabían cuándo Dios les cumplía sus peticiones. Mi abuela respondía que solo debíamos tener paciencia y esperar, y cuando llegara, nos daríamos cuenta. Mis abuelos solían decir: 'Sabemos que viene de Dios porque Él solo concede a aquellos que piden cosas buenas y también las cosas buenas que se piden para el prójimo'.

Por mi crianza y educación en la fe en Dios, siempre estaré agradecido con ellos, especialmente por ser católicos y haberme guiado a mí también.

En una confrontación que experimenté con uno de mis parientes, me llevó a poner a prueba la fe y paciencia que me inculcaron mis abuelos.

Después de experimentar esta confrontación y los contrastes con mi pariente, coincidí reunirme inesperadamente y también presenciar el proceso de cambio corporal y espiritual de María. Esta experiencia me llevó a conocer la existencia de las cadenas y, de esa manera, descubrí las cadenas de mi descendencia. La experiencia de pasar por el proceso de crear este libro me llevó a entender que la respuesta se encuentra en la Sagrada Biblia. La busqué y medité; llegué a la comprensión y encontré mi sentido de existencia. Me liberé y di gracias a Dios porque esta experiencia me llevó a comprender la voluntad que Dios tenía para mí.

También descubrí que algunas actitudes negativas heredadas de mis padres estaban presentes en mí de manera inconsciente, y las habría heredado a mis hijos para continuar la cadena. Sigo identificando estas actitudes para eliminarlas. Ahora estoy buscando nuevos hábitos positivos.

¡He roto las cadenas que podrían haberme llevado a cometer desgracias y entregarme al mal! Ahora quiero compartir mi fe en Dios y mi testimonio.

BRUJERÍA

Brujas; supuestamente dotadas de ciertas habilidades mágicas que emplean con la intención de causar daño.

La brujería, la creencia en el Diablo; Formadas por sectas ocultistas y religiones paganas.

Pacto con el Diablo: Las brujas, adivinos o hechiceros no tienen ningún poder real, solo utilizan la sugestión y la capacidad de infundir daño moral en las personas que atienden. Las brujas y hechiceros son personas atrapadas por la sugestión; y se convierten en esclavas del mal moral, esparciéndolo para su propio beneficio. De esta manera, las llamadas brujas aprovechan la frustración de sus clientes para su propio beneficio. "Se considera un fraude."

Hechiceros y adivinos se hacen daño incluso a sí mismos, ya que entregan su vida a este servicio, dejando de lado una vida sana y privándose de una vida propia. Se dejan usar como títeres por algo que verdaderamente no conocen. Su origen se encuentra en la asociación de la brujería para el culto al Diablo, y como resultado surge la idolatría (adoración de dioses falsos).

El primer paso en la brujería es la asociación con el Diablo; la supuesta bruja ha completado el proceso, pacto o trato para conocer su oficio. "No existe la brujería blanca o buena; al final, es brujería".

Brujería, un pacto con el Diablo: mediante este pacto, la bruja se compromete a rendir culto al Diablo a cambio de adquirir algunos poderes sobrenaturales, aparentemente, incluyendo la capacidad de causar maleficios de diferentes tipos que pueden afectar a las personas.

Demonología: son conocimientos adquiridos por aquellos que supuestamente son capaces de invocar tales entidades, incluyendo las instrucciones sobre cómo convocar a los demonios para someterlos supuestamente a la voluntad del conjurador. (El diablo no puede someterse a ninguna persona).

Brujería moderna: La figura de Satanás o el Diablo, dios de los paganos y brujos. Las brujas celebran reuniones nocturnas en las que adoran al demonio. Estas reuniones reciben diversos nombres y a menudo involucran ritos, crímenes y sacrificios de animales. En realidad, estas prácticas buscan eliminar la sensibilidad en la conciencia y la capacidad de meditación mental.

En tiempos antiguos, el ritual que utilizaban para simbolizar esta adoración satánica consistía en actos sexuales abominables y el uso de drogas para llevar a cabo sus hechizos, incluyendo venenos de animales como serpientes y sapos, así como plantas como hongos alucinógenos, entre otros; todo con el propósito de inducir la turbación en todos sus sentidos.

La brujería resultó muy atractiva debido al destacado papel que le otorgaban a las mujeres y su sexualidad, por lo que tales actividades causaban la resistencia contra la Iglesia.

DEMONOLOGIA

*L*a existencia de una entidad maléfica que actúa en contraposición a la voluntad de un Dios. El Nuevo Testamento afirma la existencia de espíritus menores rebeldes y contrarios a la moral. El Antiguo Testamento presenta a Satanás como un ángel rebelde, aunque sometido a la obediencia a Dios. Satanás actúa como tentador, buscando sembrar la duda sobre la virtud y provocando todos los males. También se menciona la existencia del Infierno habitado por demonios que acusan y atormentan a los pecadores que caen en él, y tientan a los mortales o actúan para perturbarlos.

Satanás; el adversario, enemigo, acusador o el calumniador.

En el Nuevo Testamento se explica el origen de Satanás como uno de los Ángeles de Dios que se volvió malvado. Se refiere a que es una criatura espiritual, que formaba parte de la familia angelical de Dios. Se le cambió el nombre a Satanás por estar en contra de Dios, a causa del deseo por la adoración que todas las criaturas inteligentes rendían al Creador. Él era el ángel que guardaba el trono de Dios y el primer hijo, conocido como Luzbel. Sin embargo, debido a su orgullo de querer convertirse en otro dios, fue arrojado del cielo junto a otros Ángeles que también se revelaron, (demonios). (Véase Génesis 6:1-2, Apocalipsis 12:7-9 y 12:3-4).

El origen del Diablo, Satanás (exportador de la luz; en un momento determinado se vuelve contrario, pasa a hacer de tiniebla, para siempre deja de ser de la luz).

La victoria de Dios sobre el Diablo se concluyó con la crucifixión de Jesús. Jesús confirmó la existencia del mal y marcó los dos tiempos: mil años de luz y mil años de tinieblas. *El mal se fortalece al principio de su tiempo y alcanza su máximo al final de las dos eras.*

El evangelio es un mensaje doble para los seres humanos, una advertencia para que estén alerta sobre las asechanzas del mal. Los textos en el evangelio muestran que los relatos se aplican a los seres humanos, aunque indirectamente están dirigidos a Satanás. (Véase Isaías 14:12-15). Un solo mensaje tiene un doble significado; está dirigido a Satanás, pero se entiende como dirigido a los seres humanos. Para comprender este tipo de textos, es importante tener en cuenta nuestro estado humano y espiritual.

El hombre fiel tiene a Dios en su interior, posee más luz y pureza, y llega a estar 'guiado por el Espíritu de Dios, el Espíritu Santo' (Véase Romanos 7:1-25 y 8:1-27). El espíritu que proviene de Dios toma el control del cuerpo, reconociendo sus debilidades y tentaciones. Se instruye en la gracia para alejarse o escapar de las cosas que lo condenarían, temiendo perder su lugar en el cielo.

"Quien ejercita la justicia es justo y es de Dios"
(Gálatas 3:26-29).

El Diablo siempre intenta apoderarse de la conciencia de las personas, **"velad, porque vuestro adversario el Diablo, anda alrededor buscando a quién devorar."** (Véase, Génesis 4:6-7 y 1Pedro 5:1-11).

"No sea que llevado de la soberbia venga a caer en la misma condenación en que cayó el Diablo", Satanás actúa principalmente sobre las conciencias de aquellos que tienen más poder. (1Samuel 19:9-15).

También sobre aquellos que padecen ignorancia del conocimiento de Dios. **"Hay en medio de ellos un espíritu de corrupción, no conocen al Señor."** (Óseas 5:4-11).

"Desde su caída, el Diablo continúa pecando; a través de los hombres que se dejan influenciar por él".

"Quien comete pecado, del Diablo es." (1Juan 3:7-10). Esto no significa que esté condenado al mal o al infierno, pero se encuentra en un estado grave para sí mismo.

Cuando el Diablo consigue ser el guía de una persona, esta hará su voluntad y, de esa forma, ambos pasan a actuar como una unidad (Juan 6:70-71 y para reflexión, véase 1 Corintios 12:12-31).

Los anticristos forman un solo cuerpo, una bestia, ya que al no creer en su estado espiritual, llevan una vida de cuerpo animal. El Diablo se aprovecha de esta ignorancia o de las debilidades para poder.

Algunos de los nombres más comunes o conocidos con los que se nombra son, Diablo, Lucifer, Satanás, el seductor, el devorador, gran dragón, el dios negro y el padre de la mentira. Satán significa el obstáculo o también el perseguidor.

Satanás, espiritualmente acusa ante Dios las malas inclinaciones y acciones de la humanidad y también en el día de su muerte, para intentar su condenación y ganarlos para atormentarlos.

Satanás pide autorización para probar la piedad de Job. (Véase, Job 1:1-22 y 2:1-10). El hombre justo es afligido; a través del relato de la vida de Job, Dios revela y explica que la justicia divina es inescrutable.

Satanás es responsable de la inclinación al mal de todos los hombres, provocando aflicciones y desgracias, con el propósito de que la persona llegue a la conclusión de que no existe un Dios. Cuando nos alejamos por nuestra propia cuenta de Dios, él se apodera de nosotros y de nuestra ignorancia. Se aprovecha para tener dominio de este mundo, y para lograr este objetivo, no le interesan los que ya han muerto, sino los vivos de espíritu y cuerpo.

ANTICRISTO

Anticristo: Hace referencia tanto a la manifestación prevista para el fin de los tiempos como a la anticipación de esta manifestación en la acción de personas que reniegan del cristianismo. En este contexto, el Anticristo podría ser cualquier persona que esté en contra del Mesías y lo que Él representa.

"Hijos, ya es el último tiempo, según vosotros oísteis que el Anticristo viene, así ahora han surgido muchos anticristo; por esto conocemos que es el último tiempo." (1Juan 2:18-29, 3:1-24 y 4:1-21).

El que no está conmigo, está contra mí... (Lucas 11:23).

"El Anticristo aparecerá: un hombre controlado por Satanás, será la maldad encarnada, el hombre de pecado, hijo de la perdición. Esto se deberá a diversos factores, como el ocultismo, la decadencia en la moral y los valores, en un periodo llamado 'la gran tribulación'; (La prueba para todos, el momento para decidir si haces lo bueno o lo malo)."

En las palabras de Jesús en los Evangelios; muchos que se llamarán así mismo, Mesías y salvadores. Cualquiera puede ser un anticristo, siempre y cuando, a pesar de ser un cristiano confeso, vaya en contra de Cristo.

"El anticristo es aquel que dice estar inspirado por el Diablo y que tiene la facultad de estar en contra de Dios. Hace lo malo y afirma que no existe Dios para que lo juzgue.".

(El anticristo; son los que forman un solo cuerpo en contra de Dios. Esta oposición existe porque estas personas no creen en su condición espiritual).

También se concluye que cualquier persona, ya sea que conozca el evangelio o no, que se niega a considerar que Jesús es el Cristo, aquel que niega su divinidad o su resurrección y cree que hay una sola forma de su realidad humana (la corporal), se considera como Anticristo en el contexto del desprecio a la doctrina cristiana.

El demonio siempre se va a esconder y personificar en formas que parecen inconscientes, como el ejemplo que a continuación se presenta, "Vampirismo".

VAMPIROS

*P*ersonifican principalmente formas inconscientes, representando los instintos o impulsos humanos reprimidos y ocultos, los más primitivos (el principio) y siendo la encarnación del mal como entidad, una representación del lado salvaje del hombre bestial (todo corporal). En realidad, es una combinación completa de varios temores y creencias humanas, así como el temor a los bajos instintos.

La atribución a la sangre: la creencia de ser el instrumento de poderío y de supuestamente obtener las habilidades de la víctima.

El temor a la depredación; a la enfermedad o a la muerte, y su expresión más palpable, el de cadáver.

Los Vampiros se denominan a sí mismos como cadáveres, muertos desde ahora, como cuerpos sin alma, predestinados a las tinieblas, con una atracción por la impureza y una pasión por la sangre.

Demonios en la tierra: No es una verdad en concluyente. El espíritu trata de insinuar el estado de tiniebla en el que se encuentra a través del inconsciente. De alguna manera, el consciente puede captarlo y detenerlo antes de que sea tarde. Si esto no sucede, la persona va perdiendo la capacidad de analizar sus propios actos y el control de su vida y de su equilibrio mental adecuado, hasta que, en algún acto arrebatado, pierda la vida y su derecho al reino de Dios, como ha ocurrido en la antigüedad y en el presente.

Los vampiros eran como los brujos o personas que se habían rebelado contra la iglesia, ya que mientras estaban con vida se entregaban al paganismo, entregando así sus almas al diablo. Sus cuerpos podían ser poseídos por demonios como instrumentos para causar turbación y mal en este mundo, sirviendo como ejemplos de inmoralidad y enseñando a hacer el mal.

La vida después de la muerte: Tras la corrupción del cuerpo y haber procurado la supervivencia del alma hasta el día del juicio, brindaría la posibilidad de acceder a la luz. Esto se aplicaría a todos aquellos que murieran arrepentidos de sus errores y hubieran recibido los sacramentos.

La existencia de demonios que cambian de forma, como los vampiros: Es la de un espíritu atormentado con hambre de sustancias repugnantes o de sangre, lo cual los vuelve peligrosos para los vivos, especialmente los inocentes.

Vampiros: Ligados al culto de los antepasados como parte del paganismo persistente; motivo de preocupación.

El demonio tiene sed de sangre inocente: El demonio de la vanidad lleva a actos inimaginables. Se fortalece cada día más con la ciencia, despreciando la voluntad de Dios y los talentos o dones que Dios nos ha obsequiado para que vivamos y para que Dios se glorifique a través de ellos.

"La humanidad clasifica lo que no conoce como trastornos mentales, una solución más fácil para ellos, una respuesta que se dan a sí mismos. Asignan al vampirismo una categoría particular, deslindándolo y diferenciándolo de otras enfermedades como la <u>necrofilia,</u> (atracción morbosa por la muerte o por algunos de sus aspectos) o el sadismo. Para explicar y describir mejor la conducta criminal motivada por el placer <u>libidinoso</u> (adj. lujurioso propenso, débil a los placeres sexuales) derivado de la vista, contacto, o el acto de beber la sangre de sus víctimas."

"Todo esto es controlable mediante la oración, una sana alimentación, y descartando mentalmente las falsas ideas, por muy fascinantes que parezcan, si no son juiciosas. El paganismo es una causa suficiente para debilitar a estos y otros grupos similares. Dos formas de excluirse de Dios son: por los deseos del corazón y por sentirse indigno de Dios."

PANDILLAS

Muchos niños pobres y huérfanos sobreviven al unirse a pandillas controladas por criminales adultos. Estas pandillas son conocidas por llevar a cabo muchas actividades criminales, siendo el tráfico de drogas la principal fuente de ingresos de la mayoría de ellas.

Muchas pandillas de prisión requieren que los miembros se hagan tatuajes, e incluso algunas agrupaciones similares exigen que se derrame la sangre de otra persona como requisito para unirse a estas pandillas o agrupaciones. Esto puede implicar cometer un asesinato como pacto de sangre o realizar una prueba de lealtad como parte de la iniciación en la pandilla. Las pandillas modernas han introducido nuevos actos de violencia, los cuales también pueden funcionar como un rito de iniciación para los nuevos miembros, como se puede analizar igualmente en idolatría satánica. Algunas de estas pandillas sostienen que nadie puede renunciar, y que hacerlo resultaría en su muerte.

Los pandilleros suelen ser jóvenes. La mayoría de estos jóvenes no les ha ido bien en la escuela y muchos incluso han abandonado sus estudios. La mayoría de ellos tienen familiares que han estado en pandillas. Comúnmente, los jóvenes más involucrados en las pandillas tienen un historial de estar sin supervisión adulta diariamente durante largos periodos desde una edad temprana.

Estos jóvenes se unen a las pandillas en busca de aceptación, compañía, protección, reconocimiento y un sentimiento de pertenencia que les permita sentirse identificados socialmente. La falta de afecto y las necesidades básicas insatisfechas son factores que agrupan a sus miembros. Generalmente, las pandillas han ganado un control significativo en las comunidades urbanas y empobrecidas. "Estos son jóvenes que no saben rechazar el mal porque no conocen a Dios".

Otras pandillas se originaron en las cárceles o en los departamentos correccionales juveniles y continúan dirigiendo sus pandillas desde el interior de la cárcel.

Todo esto y mucho más surge de estar en contra de Dios y de un pacto involuntario con el diablo a través de la impureza, y sobre todo, de la ignorancia heredada del conocimiento de Dios por parte de sus padres, lo que conlleva a todas estas consecuencias.

Las pandillas, otra forma de idolatría, esclavizan sus vidas y las de sus hijos en la impureza, que comienza con la mala alimentación, el licor, las drogas y toda clase de actos que hacen perder la conciencia y la vergüenza. Esto da inicio a su propia cadena de sufrimientos y resentimientos que los empuja al abismo, haciéndoles perder la fe en Dios y la esperanza de llevar una vida en armonía. Los lleva a una inseguridad que se refleja en grupos, que se lanzan al extremo del orgullo, el poder y la destrucción. En Dios, todo esto tiene sentido y solución, pero al no conocer a Dios, no se tiene sentido de la existencia de la vida, y por lo tanto, no se valora. De eso se trata, de arruinarnos, porque tenemos una sola vida en este cuerpo, y nuestro tiempo trascurre. Se trata de que, cuando nos demos cuenta, ya sea demasiado tarde.

DÍA DE TODOS LOS SANTOS

El Día de Todos los Santos es una tradición católica instituida en honor de todos los santos, tanto los conocidos como los desconocidos. La Iglesia, considerando que cada mártir debería ser reconocido, designó un día común para todos.

A los santos a quienes se ha tenido la oportunidad de conocer, se les ha representado en imágenes para reconocerlos y recordar su santidad a través de sus ejemplos y obras. Estas personas son ejemplos de que es posible alcanzar un estado de santidad. Esta santidad es más reconocida en la Iglesia Católica, ya que se entiende que la persona ha alcanzado una comunión con Dios y, de esta manera, personalmente, pudo obtener una comprensión más profunda de la vida misma.

"Los santos, a lo largo de toda su vida, muestran cómo en determinadas situaciones encuentran el camino hacia Dios. Nos invitan a la oración para que también podamos acercarnos a Dios. La santidad es para todos, es la perfección a la que todos tenemos derecho. La santidad es una empresa espiritual y la recompensa se recibe en el cielo. Es necesario que la santidad se anuncie para que pueda llegar al corazón de aquellos que la anhelan, exclusivamente para los espíritus sedientos del amor de Dios. El verdadero amor proviene únicamente de Dios; es un amor que no siente envidia de compartir la gloria de Dios. (Véase Juan 3:14-21)."

LA IMAGEN DE LA MUERTE

*M*ás bien se relaciona con las oraciones del rito del sacramento de la unción de los enfermos, en el cual se pide a Dios una muerte santa, es decir, morir en amistad con Dios, en caso de que el enfermo se encuentre en estado terminal. Una muerte santa, en la interpretación religiosa, implica que los católicos practican el rezo para recibir una muerte bendecida, en un estado de total resignación. Esta muerte es digna de un santo y está específicamente reservada para los fieles que se han convertido al único Dios. Otra forma de oración, en caso de encontrarse en una situación en la que se pueda perder la vida, la oración es para dedicarle el alma a Dios en todo momento.

La Iglesia Católica ha rechazado la devoción a esta estatua tenebrosa. En la cultura pagana, se ha creado una estatua a la que le hacen ofrendas: un esqueleto cubierto con una túnica que oculta todo, excepto el rostro y las manos, invitando a los adoradores a realizar rituales relacionados con la delincuencia. Esta imagen es considerada como una manifestación del paganismo y, para la Iglesia Católica, representa otra forma del culto al diablo. Surge de la turbación del pecado, la ignorancia y la impureza. Aquellos que le piden favores se hacen hijos de la muerte, permitiendo que el diablo los manipule para sus propios fines, infundiéndoles sentimientos de odio, envidia, tristeza, inferioridad, y más. Esta imagen de la muerte es una manera más sutil de disfrazar el concepto del infierno y el servicio satánico. De esta forma, oculto, no provoca tanto temor.

Similar a la práctica de la santería, sacrifican y ofrecen a los dueños del abismo. Con el paso del tiempo, estas prácticas de ofrecimientos continúan presentes, y hoy en día, se asocian con la imagen de la Santa Muerte. Quienes participan en estos rituales entregan su vida, su cuerpo y su alma voluntariamente a las tinieblas, sirviendo al demonio y aceptando a la muerte como su padre, 'la serpiente antigua' (véase Marcos 13:14).

Los demonios a quienes los idólatras sirven, se deleitan de las malas intenciones y la impureza de sangre que estos le ofrecen en sacrificios. Y si estos idolatras no les hacen sacrificios, los demonios los toman en la turbación provocándoles desgracias como odio, celos, envidias, suicidio y tomar sus almas en impureza y así ganarla para las tinieblas.

Con la idolatría, los ángeles rebeldes expanden su territorio, tomando el poder y dominando al pecador para apoderarse de su alma. La idolatría fomenta la impureza, que es el primer acto que Dios prohíbe.

Hay uno más poderoso que la muerte: ¡Cristo! Jesús la venció en la tentación del cuerpo, lo que significa tener control sobre los deseos desordenados que conducen a la impureza y causan indignación, alejándonos de Dios.

Por Eva, la muerte tuvo poder sobre la humanidad hasta el fin de su generación. Así todos padecerán la tentación, y en esto está la prueba para volvernos santos o permanecer conscientes. Quien vence accede al reino de la luz y obtiene el derecho de ser hijo de Dios en la pureza espiritual, "Dios es Luz" (véase, Apocalipsis 2:7, 2:17, 3:5, 3:12 y 3:21).

"Muerte, también conocida como La Serpiente Antigua:" príncipe de las tinieblas, hijo de Luzbel, padre de aquellos que viven en tiniebla, amantes de la oscuridad y todo lo que hay en ella.

CONTRA NATURAL

La homosexualidad se define como la interacción entre individuos del mismo sexo, sin importar su género. En términos científicos a nivel internacional, se considera que la homosexualidad no es una enfermedad ni un trastorno que deba ser curado.

La condición homosexual debería entenderse en primer lugar como una cuestión mental; la existencia de la práctica homosexual como desviación de la conducta natural, normal, y por las experiencias durante el desarrollo en la infancia, la influencia o drogas.

La homosexualidad; una perturbación que también debe ser considerada con la importancia que amerita y ser tratada, corregida o atendida en consejería privada acoplada a su desarrollo fundamental.

(Homosexualidad; falta de desarrollo sexual psicológico, relacionado con la mente, a menudo está vinculada al temor de no sentirse suficientemente instruido en lo sexual. Esta inseguridad puede llevar a algunas personas a explorar la homosexualidad en busca de placer mutuo, con la supuesta idea de que esto los conducirá a la madurez sexual. No se trata de un vicio de degeneración ni de una enfermedad, sino más bien de una idea impulsada por la inseguridad que puede influir en el estilo de vida de algunas personas.

En la actualidad, hay personas que dejan de fingir o reprimir su orientación sexual, y muchas otras que la ocultan. Esto no se debe únicamente a la presión social que niega la homosexualidad, sino también a lo que la homosexualidad en sí misma representa para la persona homosexual: una condición de incompatibilidad, donde no encajan completamente en una categoría u otra.

La homosexualidad se considera por algunos como una expresión involuntaria de pensamientos relacionados con inmoralidad, que pueden ser resultado de situaciones ajenas al individuo, como el uso de drogas, experiencias traumáticas como violaciones, la influencia de otras personas, etc. Prácticas sexuales que son consideradas antinaturales, como perversiones, aberraciones sexuales, o actos sádicos o masoquistas, así como actos sexuales entre personas del mismo sexo o entre humanos y animales (véase Romanos 1:21-32).

Respecto a los roles adoptados por personas homosexuales; en algunas relaciones, uno de los hombres asume el rol considerado 'varonil', mientras que el otro adopta el rol considerado 'femenino'. Lo mismo ocurre en relaciones de mujeres lesbianas, donde una puede simular facciones de musculatura, una actitud y ropas más masculinas, considerada 'activa' o 'varonil', mientras que la otra puede ser más femenina, considerada 'pasiva'. En realidad, ninguna persona homosexual es exclusivamente activa ni pasiva a lo largo de toda su vida; estos roles pueden cambiar con el tiempo.

HOMOFOBIA

Homofobia: Un término que se utiliza para describir a aquellos que se oponen a ciertas leyes civiles, en este caso, dirigidas a personas con diferentes orientaciones sexuales. Con frecuencia, el término 'homofobia' se ha utilizado de manera incorrecta para describir a cualquier persona que se opone al comportamiento de algunas actitudes homosexuales que consideran inadecuadas por razones morales. Es importante considerar que este rechazo no es necesariamente homofóbico, sino simplemente una opinión igualmente respetable, al igual que la aprobación. Es un desacuerdo basado en la defensa de principios, por lo tanto, no debe ser etiquetado como homofóbico. Es fundamental recordar que la orientación sexual es una cuestión de "libre albedrío", una decisión que un individuo toma, ya sea ser homosexual o no, y esto ha sido así desde los primeros tiempos de la humanidad, (véase (DHH) eclesiásticos 15:11-20).

SODOMÍA

Sodomita: para describir a hombres que mantenían relaciones sexuales con otros hombres, implicando sumisión ante la voluntad de la persona dominante. En ocasiones, se ha asociado a mujeres que practican el sexo anal con términos similares. En la antigüedad, la sodomía se relacionaba con prácticas consideradas heréticas, derivadas de la idolatría y el culto a los demonios. La sodomía puede estar vinculada a casos de violación, con un riesgo, principalmente, para los niños.

En algunos casos, lesbianas que buscan dominar a otros, incluyendo retar o igualarse a los varones, pueden también adoptar roles relacionados con la sodomía. Ambos escenarios pueden llevar a comportamientos que se consideran prostitución debido a la pérdida de control de sus pasiones.

A menudo, las personas creen que pueden controlar ciertas actitudes y establecer límites, pero estas pasiones pueden ser como un abismo sin fin, donde una conduce a la otra. 'El que se cree dominar en lo malo se engaña a sí mismo'.

PROSTITUCIÓN

La prostitución se define como el acto de participar en actividades sexuales a cambio de dinero o bienes, y esta actividad puede ser realizada por personas de ambos sexos. Tanto hombres como mujeres, así como personas de orientación sexual homosexual, ofrecen sus servicios, que a menudo incluyen tríos y orgías, principalmente a hombres. La prostitución es una actividad en la que alguien se dedica a mantener relaciones sexuales con otras personas a cambio de dinero, o cualquier otro tipo de retribución, y puede ser tanto heterosexual como homosexual.

En la prostitución, las personas que la ejercen generalmente no experimentan ningún tipo de emoción ni establecen relaciones afectivas con sus clientes. Esta definición también incluye el uso del sexo como medio para el espionaje, la obtención de fama y el reconocimiento. Por ejemplo, se pueden citar casos de hombres y mujeres que mantienen relaciones sexuales con personas famosas con la intención de vender historias a la prensa a cambio de fama o dinero.

Prostitución y delincuencia: En la prostitución, también existen casos de distribución de drogas, asaltos a los clientes, chantajes, extorsiones por lujos y otros delitos asociados.

La prostitución desde la antigüedad: La prostitución, ha sido considerada la profesión más antigua del mundo, se conoce prácticamente desde que existen registros históricos de algún tipo y ha sido practicada en todas las sociedades. Los antiguos historiadores documentan la existencia de la prostitución en Babilonia, donde las mujeres acudían al santuario para tener relaciones sexuales con extranjeros como muestra de hospitalidad a cambio de un pago simbólico (véase Apocalipsis 14:8-10). La prostitución era practicada tanto por mujeres como por hombres jóvenes.

La prostitución también se practicaba como rito religioso en honor de los ídolos.

En Israel la prostitución era común a pesar de estar expresamente prohibida por la ley judía. Profetas como Jeremías (Jeremías 2:20-25, 5:7-9 y 13:10) se oponían a esta práctica. (Véase, 1Reyes 15:9-13 y Levítico 20:13); Probara la primera muerte, la espiritual, que es vivir entre la maldad y para la maldad, (Apocalipsis 20:6).

"Esto tiene su origen principal en la idolatría y el paganismo; es equivalente a alejarse de Dios y no conocer Sus palabras para enterarnos de lo que Él tiene para nosotros. La turbación nos ciega, impidiéndonos ver que somos más que un cuerpo y que en cada uno de nosotros reside un espíritu que proviene de Dios."

Azá hizo lo que es justo a los ojos de Dios, tal como David su padre; hizo que desaparecieran del país los prostitutos y destruyó todos los ídolos que habían hecho sus padres. Incluso quitó a su abuela Maaca la dignidad de Gran Dama, porque ella había hecho un ídolo vergonzoso en honor de Astarte; Azá derribó ese ídolo vergonzoso y lo quemó en el valle del Cedron.
(1Reyes 15:11-13)

El secuestro: ¿De dónde surgen los niños explotados en la prostitución? El número de denuncias por desapariciones de menores se ha multiplicado. La prostitución infantil son casos terribles y desafortunadamente hechos reales que se han dado durante los últimos años. La prostitución infantil esconde mucho más, estos niños y jóvenes son esclavizados y obligados a ser un objeto para el uso sexual. Dicha prostitución no es voluntaria y va acompañada del miedo al hambre, dependencia de las drogas y multitud de circunstancias más que pueden convertir la existencia tanto de un menor como de un adulto en un auténtico infierno. Redes de corrupción de menores son desarticuladas y descubiertas por las autoridades, quienes además se les decomisan miles de fotografías y videos pornográficos de menores. Los menores que se escapan de casa podrían terminar en una de estas organizaciones. (Mateo 18:2-10), **porque el Hijo del hombre ha venido para salvar lo que se había perdido (11).**

Las prostitutas y los prostitutos suelen mantener relaciones con un elevado número de clientes. La prostitución se asocia con la propagación de enfermedades de transmisión sexual, incluido el SIDA, que actualmente representa un mayor riesgo de contagio. "Es importante mencionar que, en primer lugar, caen en una enfermedad espiritual, ya que a menudo desconocen que en cada uno de nosotros reside un espíritu dado por Dios" (Génesis 2:20-24 y 1 Corintios 6:12-20).

En la actualidad, según lo que hemos observado personalmente, parece que han surgido nuevas formas de actividad en la prostitución. Una de ellas es el famoso 'delivery' o servicio a domicilio, donde organizaciones en la prostitución realizan distribuciones desde una a cinco chicas o más para brindar servicios en la vivienda de un cliente o más. En ocasiones, una sola chica se prostituye con cinco o más sujetos en un apartamento o casa, lo que demuestra una organización efectiva para conseguir clientes.

También hemos observado otra forma de prostitución en la que mujeres que mantienen empleos regulares diariamente, también tienen varios clientes a quienes brindan sus servicios a domicilio a cambio de dinero o bienes como ropa, comida, joyas, ayuda en el pago del alquiler de su apartamento, entre otros.

Félix relata: "Yo era el encargado de una compañía donde trabajaban varias mujeres, algunas de las cuales tenían entre cinco y seis hijos de diferentes padres. Ellas optaban por someter a cada uno de estos padres a juicios legales con el fin de obligarlos a proporcionar una manutención mensual por cada hijo que tenían, además de buscar asistencia gubernamental. La manutención por un hijo se calculaba como una cuarta parte o más de su sueldo semanal. Todo esto se hacía únicamente en beneficio de las madres, sin tener en cuenta el futuro que les esperaba a los niños".

MARIA MAGDALENA

De acuerdo con el evangelio de Lucas, María Magdalena alojó y proveyó alimentos a Jesús y a sus discípulos durante su predicación en Galilea, junto con sus hermanos Lázaro y Marta. Además, se menciona que anteriormente había sido curada por Jesús. María cayó en las tentaciones de los demonios, quienes querían arruinar a su santa familia. Después de liberarla de los demonios, ella también acompañaba a Jesús y a los doce apóstoles, junto con algunas mujeres que habían sido curadas de enfermedades y espíritus malignos. Como se describe en las Escrituras: 'María, llamada Magdalena, de la cual habían salido siete demonios.

El cristianismo honra especialmente a María Magdalena por su cercanía a Jesús, considerándola igual a los apóstoles. Antes de conocer a Jesús, había llevado una vida pecaminosa (libertina). Es importante destacar que la Iglesia Católica no afirma que se haya dedicado a la prostitución. La idea de que María Magdalena fue una prostituta se origina, en primer lugar, en la identificación de María con la pecadora mencionada en los pasajes de Lucas 7:36-50 y 8:2. En estos versículos, se dice claramente que de ella habían salido siete demonios. Sin embargo, nada en estos pasajes permite concluir que María Magdalena se dedicara a la prostitución; "simplemente se le describe como una oveja perdida".

Después de la ascensión de Jesús, María Magdalena, arrepentida, pasó el resto de su vida en una cueva, dedicándose a la oración, la penitencia y mortificando su cuerpo con severos ayunos. Aquí, se le identifica como María de Betania, donde llevó una vida de penitencia durante 30 años. Cuando llegó el momento de su muerte, su espíritu fue llevado por los ángeles, y su cuerpo fue sepultado en un oratorio construido por Máximo en Villa Lata.

"Jesús nos ha defendido a través de la persona de María Magdalena. Jesús no distingue entre hombres y mujeres; Él percibe la belleza de la pureza del espíritu y las intenciones que residen en el corazón. Su amor es infinito para cada uno de nosotros. Desea que estemos con Él en la casa del Padre, pero en el cielo no hay lugar para la corrupción. Dios es tan compasivo que envía constantemente y sin demora la solución para liberarnos, si así lo deseamos, de lo que Le resulta desagradable, para que podamos compartir Su reino. Él es un Dios que rechaza el mal, ya que este es irritante debido a la pestilencia insoportable de su corrupción. En Dios reside el poder para que demos testimonio de Él, así como en los testimonios de los santos a través de sus profundo arrepentimiento, penitencia y enmienda por sus pecados, tal como lo hizo con Salomón."

EL REY SALOMON

El atributo principal de Salomón es la rectitud y la justicia. Es descrito en la Biblia por su sabiduría, riqueza y poder, siendo considerado el hombre más sabio que haya existido en la tierra.

Construyó el Templo de Jerusalén y se le atribuye la autoría de libros recogidos en la Biblia. Salomón es el protagonista de numerosas leyendas.

Salomón fue el segundo de los hijos que tuvieron el rey David y Betsabé. En la Biblia, el profeta Natán informó a David de que Dios había ordenado la muerte de su primer hijo como castigo por el pecado del rey, quien había enviado a la muerte a Urías, el esposo de Betsabé, para casarse con ella (2 Samuel 12:14). Literalmente, David despreció los preceptos de Dios. Después de una semana de oración y ayuno, David recibió la noticia de la muerte de su hijo y consoló a Betsabé, quien quedó embarazada inmediatamente, esta vez de Salomón. Salomón reemplazó y superó a su padre, David.

Leemos en la Biblia; Dios se apareció a Salomón y le dijo: **"Pide lo que quisieres que yo te dé"**.

Salomón dijo: "Da pues a tu siervo un corazón dócil para juzgar a tú pueblo, para discernir entre lo bueno y lo malo".

Respondió Dios: "Lo he hecho conforme a tu palabra, he aquí que te he dado corazón sabio y entendido". (Dicha sabiduría estaba basada en seguir los mandamientos de Dios). Salomón amó a Dios, andando en los consejos de su padre David.

Salomón consolidó el dominio de Israel en la región y se rodeó de lujos. Sin embargo, en la mitad de su reinado, se entregó a la idolatría, influenciado por sus numerosas esposas extranjeras, llegando a edificar templos para otros dioses (1 Reyes 3:1, 11:1-12 y 9:16-18). Heredó un extenso imperio conquistado por su padre, el rey David, y tuvo numerosas mujeres en su harén, incluyendo a la hija del faraón. Tanto el rey como su pueblo se dedicaron al comercio y se vieron atrapados por la ambición de riquezas, cayendo en el materialismo (Nehemías 13:26, Salmos 53:3-4 y Jeremías 5:24-27).

Aunque cometió pecados, como caer en la vanidad, la soberbia, la impureza y la turbación, Salomón se arrepintió y escribió los libros de Proverbios y Sabiduría para aconsejar que no siguieran su ejemplo de torpeza, ya que esto era resultado de las trampas de los demonios. Salomón escribió estos libros como un testimonio y ejemplo de que las cosas de este mundo son pasajeras.

"Los mandamientos de Dios hacen sabio al ingenuo."

LA MUERTE

El juicio en el cual la conciencia se abre y el espíritu se juzga según el libro de la vida, la Biblia. "Jesús, el testigo de la carne y el espíritu, evalúa a cada uno según sus obras, siendo Él el justo juez."

En el momento de la agonía de la muerte, revivimos nuestra vida desde la vejez hasta la niñez y el nacimiento. Cuando ingresamos a la dimensión de la muerte, experimentamos una rápida y aterradora retrospectiva de nuestra vida. En ambos cuerpos, se almacenan todos los átomos de información, recuerdos claros y precisos que abarcan desde la niñez hasta la vejez. Revivimos toda nuestra vida a través de imágenes, en orden retrospectivo. Estos recuerdos también están presentes en el cuerpo espiritual, y revivimos cada escena de nuestra vida, experimentando alegría por las buenas acciones y un profundo dolor moral por las malas. Al concluir este proceso retrospectivo, adquirimos una plena conciencia del resultado final de la vida que acaba de transcurrir.

Cada átomo del cuerpo espiritual se fusiona con cada átomo del cuerpo físico, permitiéndonos mantenernos con vida. El cuerpo espiritual posee una realidad más profunda que el cuerpo físico. A lo largo de la vida, el cuerpo físico experimenta cambios significativos, mientras que el cuerpo espiritual permanece inmutable.

El espíritu debe considerarse la parte más importante del cuerpo físico. En el último instante de la vida, el alma o espíritu se libera del organismo físico con profundo dolor en la agonía, y el cuerpo espiritual no ingresa al sepulcro. El cuerpo espiritual es consciente de la realidad del lugar al que se destina según la vida que llevó, dejando al cuerpo físico en inconsciencia total sin sentido. Sin el espíritu, el cuerpo físico entra en un inevitable proceso de descomposición. El espíritu es la energía vital del cuerpo que está consciente en todo momento. (Para reflexión, véase, 1Corintios 15:1-58).

EL JUICIO

*E*l momento del juicio se despliega cuando nuestra conciencia interna y autoevaluación comienzan. Cuando una persona fallece, entra en otra dimensión, y las puertas de la eternidad se abren para recibirlos. Después de la revisión introspectiva de nuestro recorrido vital, nos encontramos ante un tribunal, rodeados de santos y demonios. En este tribunal celestial, debemos responder a las acusaciones presentadas por los demonios, quienes buscan reclamar el alma del acusado para el tormento eterno. En última instancia, nos enfrentamos al veredicto del justo juez, "Jesucristo".

"Tierra, Infierno, o Cielo:" En el juicio final, se produce una división entre aquellos que se reencarnan inmediatamente. los agonizantes son expulsados al mundo del tiempo y la materia, volviendo a sus propios cuerpos. Retirado de la eternidad porque aún no han alcanzado la definición de ser "buenos o malos". Solo aquellos que han definido su "ser" pueden residir en la eternidad. El juicio determina quiénes se reencarnan inmediatamente, ya que aún no pueden acceder al lugar que merecen según la vida que han llevado. En este contexto, el "ser" se refiere al espíritu, ya sea como bueno o malo. Este juicio tiene lugar cuando una persona se encuentra en el umbral entre la vida y la muerte; si se ha encontrado su lugar en la eternidad, la persona fallece.

Aquellos que son condenados al infierno enfrentan sufrimientos insoportables, en donde no existe el tiempo, es eterno. Estas personas, durante su vida, ya no responden a ningún tipo de castigo; su única inclinación es hacia el mal. Aman el mal y encuentran placer en cometer acciones maliciosas, ya que se han entregado por completo a los malos deseos. "La persistencia en el crimen se debe a su excesivo materialismo."

Aquellos que acceden a los estados paradisíacos experimentan algo indescriptible. Solo puedo decir que es un gozo y una paz a un nivel máximo, a lo poco que pude percibir.

"La ley de causa y efecto nos enseña que para cambiar nuestras circunstancias externas, primero debemos cambiar internamente. Necesitamos transmutar y purificar nuestros defectos, como si estuviéramos convirtiendo metales viles en santidad, en oro y diamantes. "Despertamos nuestra conciencia, entonces nos volvemos conscientes de los misterios de la vida y de la muerte".

LIBRO DE LOS MUERTOS

Libro de los muertos: Salir al día (una expresión relacionada con la percepción de la muerte en los tiempos más antiguos que conocemos, como en el Antiguo Egipto).

Regeneración, triunfo y alegría: La importancia de vencer a los enemigos internos (falsos sentimientos y demonios espirituales). Salir al día, transfiguración; una manera de expresar lo que significa llegar al día de la muerte en total resignación, (la paz).

Poder manifestarse en diversas formas, utilizar la barca solar y descubrir algunos misterios antes de llegar a la tumba; estas expresiones del antiguo Egipto resaltan el poder y la ventaja de estar vivo, así como la necesidad de ser conscientes durante el transcurso de la vida "para alcanzar la última dignidad, que es el sepulcro".

El juicio ante el tribunal definitivo del Santo Todopoderoso en el cual el agonizante o el difunto comparece ante el tribunal para que se evalúen su corazón, su conciencia, su moralidad, intenciones y sus acciones. En este momento, se presentan las confesiones negativas y declaraciones de inocencia que el agonizante o difunto ofrece al tribunal con la esperanza de justificar sus acciones personales. Una vez superada la prueba, la persona puede continuar su camino hacia la luz o resignarse a ser reprobada eternamente."

Se destaca la gran importancia moral al mencionar que se pesarán las buenas y malas obras del corazón. Este pequeño detalle se encuentra en las referencias más antiguas de la historia que conocemos, y nos proporciona evidencia de la creencia en una vida después de esta. Subraya que no se puede vivir una vida en vano y que, como seres humanos, la moralidad en nuestra vida tiene consecuencias.

JESUS DE NAZARET

*E*l embarazo de María fue resultado de la obra del Espíritu Santo y se profetizó con las palabras del profeta Isaías, quien predijo que 'su hijo será el Mesías que esperan los judíos' (Isaías 7:14) (Mateo 1:19-21)."

El emperador ordena el primer censo en el que todos deben registrarse en sus lugares de nacimiento. José, siendo originario de Belén, se ve obligado a viajar a este lugar. Es durante este viaje que Jesús nace en Belén. Quienes comprenden la influencia del Espíritu Santo pueden apreciar cómo Dios prepara todas las circunstancias para cumplir las profecías de las Sagradas Escrituras a través de sus profetas (Lucas 2:1-7).

Unos Reyes del Oriente, astrónomos que observaban los cielos y guiados por las profecías, así como por el fenómeno de la alineación de planetas (estrellas), llegan a Jerusalén buscando al recién nacido Rey de los Judíos, con la intención de adorarlo. Este evento alerta al rey de Judea, Herodes, quien es utilizado por el mal debido a la maldad en su corazón y decide eliminar a este posible rival. (Véase Apocalipsis 12:3-4).

Los Reyes o gobernantes, guiados por la estrella, llegan a Belén y adoran al niño. Esta estrella, que brilla cada 2,000 años, es una señal del milenio que pertenece a Dios. Su poder es tan grande que todo el universo le rinde gloria y honor. Jesús, o Cristo, es el Hijo en quien Dios se complace debido a su plena obediencia. El mismo Jesús nos enseñó a través de la oración del 'Padre Nuestro', y por sus enseñanzas, sabemos que Él es el Hijo de Dios. Esta señal en el cielo nos ayuda a comprender que Dios es eterno y nunca nos abandona, aunque para nosotros los siglos pasan, para Dios no.

Nuevamente, un ángel visita a José (Mateo 2:13-14) y le advierte sobre la inevitable persecución de Herodes. En respuesta, la familia huye a Egipto y permanece allí hasta la muerte del monarca (véase Apocalipsis 12:6). De nuevo Dios notifica a José por medio del ángel, que se le presenta por tercera vez; se resalta la espera en fe absoluta, que nunca quedara defraudada. (Mateo 2:19-23).

La historia de la concepción de Jesús se entrelaza con la de Juan el Bautista, ya que Isabel, la madre de Juan, y María, la madre de Jesús, eran parientes. Ambas concepciones fueron anunciadas por el ángel Gabriel. Juan Bautista también fue un profeta enviado para anunciar a Jesús y para interpretar el bautismo como un símbolo de renovación y el comienzo de su iglesia (Lucas 1:5-25, 1:39-80, Marcos 1:2-4 y Juan 1:1-18).

La Anunciación (Lucas 1:26-38) fue el momento en que Dios Padre, a través del Espíritu Santo, otorgó a la Virgen la promesa de la profecía, que es Jesús, marcando así la primera revelación de la Santa Trinidad.

En los evangelios de Mateo y Lucas, encontramos las genealogías de Jesús (Mateo 1:1-16 y Lucas 3:23-38). Estas genealogías rastrean la descendencia de Jesús desde Adán, Abraham y David, y muestran la conexión tanto de José como de María con la historia ancestral de Jesús.

La evangelización de Jesús fue profetizada por su primo Juan el Bautista, por quien Jesús fue bautizado en el río Jordán. Durante este bautismo, el Espíritu de Dios descendió sobre Jesús en forma de paloma, y la voz de Dios se hizo presente, marcando así la revelación de la Santa Trinidad.

El Espíritu condujo a Jesús al desierto, donde ayunó durante cuarenta días y superó las tentaciones y proposiciones a las que fue sometido por el Demonio (Efesios 6:10-18). ¡Él no fue la excepción!

Los cuatro evangelios relatan que Jesús resucitó de entre los muertos al tercer día después de su muerte. Se produjo un terremoto y un ángel vestido de blanco removió la piedra del sepulcro. Los guardias que presenciaron esta escena temblaron de miedo y quedaron como si estuvieran muertos (Mateo 28:1-14). Fue el ángel quien anunció a las mujeres la resurrección de Jesús.

Los autores del Nuevo Testamento relatan la vida de Jesús. Los testimonios coordinan a una sola persona que es Jesús. Él es el cumplimiento de las profecías en los libros del Antiguo Testamento. Los primeros cristianos fueron guardados para que se cumplieran, Isaías, jeremías, los salmos, Zacarías, Miqueas; y se anuncia la venida de Jesús de Nazaret, el Mesías que esperaba el pueblo de Israel, el cumplimiento de estas profecías en la vida y muerte de Jesús.

Fueron profetizadas las circunstancias que rodearían la vida de Jesús, incluyendo el papel de Juan el Bautista y el lugar de su nacimiento, su pasión, muerte y sacrificio como siervo de Dios, siendo crucificado en tiempos de Poncio Pilato. Estas referencias confirman que la existencia de Jesús no ha sido objeto de duda.

En la antigüedad, los primeros escritos cristianos reflejan, en primer lugar, la fe de los cristianos en Dios. En segundo lugar, proporcionan información biográfica sobre Jesús. Además, utilizamos un calendario que se basa en la vida de Cristo. Hay una clara división entre los años antes de Cristo (A.C.) y los años después de Cristo (D.C.).

El primer día de la semana en el Antiguo Testamento es conocido hoy en día como domingo. Ya en el Antiguo Testamento, se destacaba como un día especial, y esto se manifestaría en el Nuevo Testamento. El séptimo día era el sábado, y sin lugar a duda, el día siguiente era el domingo o el primer día de la semana, como se menciona principalmente en el Nuevo Testamento. El sábado fue establecido como una señal entre Dios e Israel. El orden era trabajar durante seis días y luego descansar el séptimo, que es el sábado, un día conocido como el día de reposo.

Hoy, en la era de la iglesia que corresponde a la gracia divina, confiamos en la obra única y perfecta realizada por el Señor Jesucristo en la cruz del Calvario para obtener nuestra salvación. Es por esto por lo que nosotros, los cristianos, dedicamos nuestras vidas a Él y a Su gloria, como expresión de gratitud y a través de nuestras buenas obras. Dios nos ha prometido el cielo. ¡Confiemos en nuestro Señor Jesucristo para nuestra salvación!

El día que Jesucristo bendijo en forma especial con su resurrección fue el domingo. ¡Este día representa la esperanza de superar las aflicciones y cumplir con nuestro ministerio, sabiendo que la corona de justicia está reservada para nosotros. El Señor, el Juez justo, nos la otorgará en aquel día!

El domingo es tradicionalmente considerado el séptimo día de la semana, aunque la semana comienza en lunes y termina en domingo. (Jesús restableció el día siete de reposo en honor a Dios; Jesús venció la obra del mal, el cual queda marcado como día seis). El domingo es ampliamente reconocido como un día festivo en la mayoría de los países del mundo y forma parte del fin de semana. Su nombre, 'domingo', proviene del latín, que significa 'día del Señor', en conmemoración de la festividad cristiana en honor a Jesús.

Está escrito que Jesús, como el Hijo del Hombre, afirmó ser el Señor del sábado. Algunos de los primeros cristianos continuaron observando el sábado, mientras que otros se reunieron para el culto el domingo, el día en que Dios creó la luz.

Los cristianos adoran a Dios el primer día de la semana: **Acuérdate del día sábado para santificarlo.** El día del reposo fue hecho para la comunión con Dios y la humanidad. (Éxodo 20:8-11).

"Jesús y el sábado:"
La ley fue dada por medio de Moisés, pero la gracia y la verdad nos ha llegado por medio de Jesucristo. (Juan 1:10-17).

Jesús enseñó a sus discípulos que Él es el Señor del día de reposo, Jesús y sus discípulos obraron en el sábado, Jesús había quebrantado el sábado, Jesús se proclamaba igual a Dios; por estas razones procuraban matarle.

¡Jesucristo ensalzó en forma muy particular el día domingo para su resurrección y para reunirse en forma especial con sus discípulos!

Las siguientes escrituras le ayudará a entender por qué los cristianos se reúnen en domingo para adorar a Dios. Jesús fue resucitado de entre los muertos el primer día de la semana, después del sábado, al amanecer del primer día de la semana. (Mateo 28:1, Marcos 16:2, Lucas 24:1 y Juan 20:1).

La iglesia comenzó el primer día de la semana. Pedro fue dirigido por Dios a predicar a los gentiles. Estos nuevos creyentes, quienes no eran judíos, no circuncidaron a sus hijos ni descansaban el sábado, ni guardaron otras tradiciones judaicas. El espíritu santo los llevó a una decisión que trajo la unida a través de la Iglesia Católica.

Por eso os digo; se os quitara el reino de Dios para dárselo a un pueblo que rinda sus frutos. (Mateo 21:43)

La gran responsabilidad de quien en cada época está llamado a trabajar en la viña del Señor, especialmente con función de impulsar y renovar la plena fidelidad a Cristo. Pero Jesucristo, rechazado y crucificado, ha resucitado y con absoluta seguridad se pueden apoyar los fundamentos de cada existencia humana en Él. De esta verdad habla la parábola de los viñadores; el propietario de la viña representa a Dios. (Véase, Mateo 20:1-16).

Así como la vida que Él nos dona para que con su gracia y compromiso, hagamos el bien. Por desgracia la impureza del hombre lo desvía a la infidelidad, la cual causa el rechazo a Dios. El orgullo y el egoísmo impiden reconocer y acoger el don más valioso de Dios; a su hijo unigénito en la fe, que es Cristo. Permanezcamos en Él, solamente en Él, para Él y por Él se edifica la iglesia, pueblo de la nueva alianza. El Señor es siempre cercano y operante en la historia de la humanidad.

La realidad pertenece a Cristo porque el Reino de Dios no se encuentra en la complacencia de las cosas materiales, sino en la justicia, la paz y el gozo en el Espíritu Santo. Porque el que sirve a Cristo de esta manera, es acepto a Dios y aprobado por el prójimo. Así que sigamos lo que contribuye a la paz y a la edificación mutua. (Véase 1 Corintios 9:20-27).

Está escrito: Juro por mí mismo, palabra del señor, que toda rodilla se doblará ante mí, y toda lengua confesará la verdad ante Dios. Quede bien claro que cada uno de nosotros dará cuenta a Dios de sí mismo. (Romanos 14:11-12) "Recibir al débil en la fe".

El evangelio representa a Jesús como un ser preexistente, sustancialmente unido a Dios, enviado por Él para salvar al género humano del "Pecado Original", pagar con sangre el rescate, confesar, dar testimonio del único Dios y restaurar a su pueblo. Estableció su iglesia con todo lo necesario para nuestra salvación.

Para la ciencia Cristiana Católica o iglesia de Cristo, Jesús el Cristo tiene una unidad; es Jesús como hombre humano y es Cristo como la idea divina. Jesús representa a Cristo; el propósito de Dios con la humanidad.

Cristo espíritu; con la ascensión sé perpetuo Jesús físico en la esencia humana y con la identidad espiritual continúa existiendo en el orden eterno en forma de ciencia divina, redimiendo los pecados del mundo.

Jesús no es Dios, sino el Hijo de Dios y uno con Dios en calidad, no en cantidad. Dios es primordial salvador espiritual y secundariamente corporal. La salvación no se logra mediante el perdón, es una reforma y recurso de Espíritu; (de la necesidad de la paz por la confianza o fe en Dios).

Le cantan himnos a Cristo; (oración del Credo, entre otras oraciones que han surgido por la necesidad que tiene el espíritu de clamar a Dios).

Los cristianos toman su nombre de "Cristo", que fue crucificado en la época de Poncio Pilato. Hablan de un "Rey sabio" condenado a muerte. Quien no cree en el Espíritu Santo no puede conocer, amar al Padre Dios, creer en Jesús y en su madre. Si no se vive en la voluntad de Dios se está en contra de Él y no habitara en su Reino. "El que se identifica con la voluntad de Dios, es hijo de Dios."

Los apóstoles son la misma persona física, pero su interior fue renovado en el espíritu santo en el despertar espiritual que les aconteció en el cual se logra reconocer la diferencia del antes y después de la muerte y resurrección de Jesús. (Hechos 1:6-8 y 2:1-4).

"La divinidad y humanidad de Jesús son inseparables." Siguiendo con la unidad de la iglesia y de los Santos Padres, nosotros como católicos enseñamos que se ha de confesar un solo Dios y un hijo, nuestro Señor Jesucristo, perfecto en su divinidad y perfecto en su humanidad, verdadero Dios y hombre, cuerpo consustancial. (Misma sustancia) con el Padre en cuanto a la divinidad y consustancial con nosotros en cuanto a la humanidad, en todo semejante a nosotros menos en el pecado.

Nacido del Padre antes de todos los siglos según la divinidad, Jesús es la palabra y el verbo de Dios, la promesa para nosotros y nuestra salvación. Nacido de María, la virgen, según la humanidad, es Cristo el Señor, el hijo unigénito de Dios. Es uno en dos naturalezas bien distintas, inmutables e inseparables. La diferencia de naturalezas en ningún modo es suprimida por la unión; más bien, se conservan las propiedades de cada naturaleza y concuerdan en una persona y un sujeto. No está dividido en dos personas, sino que es uno, el Hijo único y Dios. Desde el principio, los profetas y Jesucristo mismo nos enseñaron y transmitieron la fe en Jesús como el símbolo de fe. Después de ser reguladas estas cosas por Jesús para nosotros, con total exactitud y armonía; ¡este es santo! Está determinado que a nadie se le permita buscar otra creencia, escribirla, adaptarla, pensarla o enseñarla a otros.

"El mundo lleva un origen dominado por los demonios, desde el principio tenían al hombre encerrado en la existencia terrenal e ignorante de su condición espiritual y de prisionero"; (de pecados ofensivos a Dios, los cuales nos hacen mantenernos alejados de Él).

¡En el día del juicio de cada uno, sin lugar a duda, será el descubrimiento de que la obra de Jesús es verdadera, en el sentido de que Él fue enviado por Dios!

NUEVO NACIMIENTO

*T*odos aquellos cuyos nombres no están escritos desde la creación del mundo en el libro de la vida del Cordero degollado; "El bautismo".

El bautismo cristiano es un rito de iniciación o purificación que implica la aplicación de agua sobre una persona mientras se invoca a la Trinidad: El Padre, el Hijo y el Espíritu Santo. Este acto tiene el propósito de hacer que la persona que lo recibe participe en la resurrección de Jesucristo, convirtiéndolo así en profeta, sacerdote y rey junto con Cristo, además de ser considerado hijo o hija de Dios y heredero de su Reino. El bautismo también integra a la persona en la comunidad de la iglesia como un miembro vivo del cuerpo místico de Cristo, y cumple con el propósito de perdonar el pecado original, según la enseñanza de nuestro Señor Jesucristo.

El bautismo: la importancia de ser un antídoto contra el pecado original. (Véase Marcos 1:1-11).

El bautizado, por el hecho de pertenecer a Cristo, lleva a la persona a ser incorporada a la iglesia como un miembro del pueblo santo de Dios. Al mismo tiempo, El bautismo, libera a la persona de los efectos del pecado original y lo introduce en la nueva vida de Cristo, participando simbólica y eficazmente de su muerte y resurrección y lo reviste por el Espíritu Santo en la dignidad de ser hijo de Dios. (Véase, Romanos 6:1-23 y Juan 3:3-7).

El sacramento del bautismo puede ser administrado tanto a adultos como a niños. En el caso de los niños, se realiza con la garantía y el compromiso de fe de sus padres. Un ministro ordenado es el encargado de administrar este sacramento, aunque en situaciones de emergencia en las que el niño se encuentra en peligro de muerte, un bautizado puede hacerlo. Es necesario contar con el consentimiento de los padres o, al menos, de uno de ellos, o de aquellos que actúan como padres, como los tutores. *El deseo del justo siempre es escuchado por Dios y concedido cuando pide cosas buenas y es agradable a los ojos de Dios. *

El bautismo simboliza nuestra unión con Cristo. Por el bautismo fuimos muertos y sepultados junto con Cristo y así como Cristo fue resucitado de entre los muertos por la gloria del Padre, también nosotros hemos de ser resucitado y de caminar en una vida nueva. Esta circuncisión de Cristo es el bautismo y al recibirlo, ustedes fueron sepultados con Cristo y también fueron resucitados por haber creído en el poder de Dios, que resucitó a Cristo de entre los muertos. (Véase, Colosenses 2:11-15).

Según el evangelio, Juan Bautista tenía conciencia de que el rito que realizaba era un anuncio del que vendría. En primer lugar, el anuncio de Juan el Bautista; "Jesús bautizaría con Espíritu Santo". (Véase, Juan 3:22-36).

La materia del sacramento del bautismo es el agua, simboliza la regeneración a la vida espiritual porque es el principio de la vida natural, indica purificación y vida nueva. (El agua es simular y representa a la esencia de Dios; es frescura, limpieza, purificación). El agua usada en la celebración del sacramento ha de estar bendita o bendecirse durante el rito. Las tres siguientes modalidades que son consideradas validas son la inmersión, el derramamiento y la aspersión.

La necesidad de la fórmula trinitaria, teniendo en cuenta las palabras de Jesús: "**Y bautícenlos en el nombre del Padre, y del Hijo, y del Espíritu Santo**". Debe administrarse el sacramento con la fórmula trinitaria. (Véase, Mateo 28:19-20).

Es responsabilidad de los padres, de los padrinos y del ministro que se imponga al bautizado un nombre apropiado provente del cristianismo, un nombre santo digno para los hijos de Dios. Se le proporciona padrinos al bautizado, quienes presentaran al candidato y se comprometen a la educación cristiana del presentado. Padrino o madrina, la edad mínima para ser padrino es de 16 años, ha de ser católico y haber recibido la primera comunión más padrinos casados por la iglesia.

Cualquier persona que no haya sido bautizada tiene la oportunidad de recibir este sacramento. Si se trata de un adulto, debe expresar su deseo de recibir el bautismo y recibir la debida instrucción acerca de la fe y las responsabilidades que implica, lo que suele hacerse a través de un período de catequesis. (Hebreos 8:36-38 y Juan 15:1-11). El bautismo es un compromiso de fe y una decisión importante en la vida de un cristiano, que simboliza la muerte al pecado y la resurrección a una nueva vida en Cristo.

Los efectos del sacramento del bautismo incluyen:
1. El perdón de los pecados: En el bautismo, se perdona el pecado original y todos los pecados personales anteriores al bautismo.
2. La unión con Cristo: A través del bautismo, la persona se une a Cristo y comparte en su muerte y resurrección, marcando así el comienzo de una nueva vida en Cristo.
3. El don del Espíritu Santo: El bautismo confiere el don del Espíritu Santo, que guía y fortalece al creyente en su camino de fe.
4. Ser hijo adoptivo de Dios Padre: El bautizado se convierte en un hijo adoptivo de Dios y hereda las bendiciones y promesas de Dios.
5. Integración en la iglesia: El bautismo incorpora a la persona en la comunidad de la iglesia, convirtiéndola en un miembro de la familia de Dios.

El bautismo es parte del plan de salvación que incluye también el arrepentimiento, la recepción de Espíritu Santo y la dedicación de una vida plena para Dios.

Bautismo; Acto que se efectúa en plena conciencia, simboliza la muerte al pecado y la resurrección a una nueva vida en Cristo.

Bautismo de deseo; son aquellos que deseando su bautismo fueron ejecutados antes de ser bautizados. Esos mártires están bautizados; (por el deseo en su libre albedrío).

Bautismo de sangre; Igualmente el bautismo de sangre implica la aceptación de la muerte por amor a la iglesia o para defender una virtud cristiana por parte de un no bautizado. Esta se da cuando una persona no bautizada soporta pacientemente la muerte violenta por haber confesado la fe cristiana o ejercía las virtudes cristianas.

"Bautismo Invisible:" **A todo aquel que me confiese delante de los hombres, yo también le confesare delante de mi Padre que está en los cielos. El que perdiere su vida por mí y por el evangelio la encontrara.** (Mateo 10:32-39).

Quien confiesa la fe derramando la sangre en el martirio: Bautismo de sangre; este bautismo recibe su eficacia, siendo configurada la Pasión de Cristo y otorgada junto al efecto del acto de penitencia y de amor a Dios hecho bajo la inspiración del Espíritu Santo.

El deseo del bautismo; es un deseo que procede de la fe la cual surge y actúa por la gracia de Dios, e inevitablemente comienza un proceso de santificación interior, llevado a cabo por Dios; (cuyo poder no está limitado. Él es el que los dirige hacia los sacramentos). (Véase, Marcos 10:33-45).

Debido a situaciones del pasado en las que el sacramento del bautismo aún no se había establecido, aquellos que, sin culpa propia, desconocen o desconocieron el Evangelio de Cristo y su Iglesia, pero buscan sinceramente a Dios con un corazón sincero e intentan vivir una vida moral en respeto a Dios, con la ayuda de la gracia que conocen a través de lo que sus conciencias les indican, podrían alcanzar la salvación. Dios conoce todas las cosas; no hay nada oculto para Él y comprende completamente las intenciones de cada individuo.

EXTREMAUNCIÓN

Sacramento de la unción de los enfermos o ancianos; prepara para el encuentro definitivo con Dios. **¿Está enfermo alguno entré vosotros? Llame a los presbíteros de la iglesia, que oren sobre él y le unjan con óleo en el nombre del Señor. Y la oración de la fe salvara al enfermo, y el Señor hará que se levante, y si hubiera cometido pecado, le serán perdonados;** Santiago 5:1415) Manifiesta la necesidad de pedir por la salud de los enfermos para que el Espíritu Santo los acompañe y reconforte.

La enfermedad del cuerpo puede estar relacionada con un mal del alma. El perdón de los pecados graves no se logra mediante la unción o la oración, sino con el arrepentimiento y la confesión a los sacerdotes, que complementan la unción.

Doble efecto: perdonar los pecados y aliviar la debilidad corporal del enfermo. En primer lugar, la curación espiritual, efecto principal al que se subordina la corporal. Esta unción completa la curación iniciada por medio de la penitencia. El efecto es la salud del alma y, en cuanto convenga, también la del cuerpo.

Una preparación para el paso a la vida eterna. El sacramento de la Extremaunción contribuye a conformarnos con la muerte y resurrección de Cristo, así como el bautismo había comenzado a hacerlo. La unción del bautismo sella en nosotros la vida nueva; los sacramentos de la confirmación y la comunión nos fortalecen para el combate de nuestra vida terrenal, así como para la eterna. Esta última unción ofrece un escudo para defenderse de los últimos combates de los malos espíritus. Solo en esta situación, se revela al agonizante el sentido de estos sacramentos, que también le proporcionan más posibilidades de entrar en la casa del Dios Padre. Se ofrece a quienes están próximos a morir, junto con la Eucaristía, como un equipaje para el último viaje del hombre hacia lo espiritual. Solo los sacerdotes presbíteros son ministros del sacramento de la unción de los enfermos.

El efecto de curación espiritual se produce siempre con la oración, el dolor de corazón por arrepentimiento, la confesión y en la alianza de la comunión en la Santa Eucaristía, mientras que el efecto corporal solo se da cuando es conveniente para el enfermo.

Un don particular del Espíritu Santo: La primera gracia del Espíritu Santo es que renueva la fe en Dios y fortalece contra las tentaciones del maligno, como el desaliento y la desesperación que provienen del pecado. El perdón de los pecados requiere arrepentimiento y confesión de la persona que va a recibir el sacramento. Es un don de consuelo, paz y ánimo para vencer las dificultades propias de la enfermedad o la fragilidad de la vejez.

Pidan los sacramentos, porque a la hora de la muerte, solo ellos podrán acompañarnos en el momento del juicio. Ni padres, ni hijos, ni hermanos; absolutamente nadie en persona puede rescatarnos. En ese momento, lo que cuenta es la obra por la intención. Oren por los enfermos y por las almas de todos los que conocen y no conocen. ¡Si acaso alguien se encontrara en la hora de la muerte, oren el uno por el otro!

LA SANGRE

*L*a sangre es fluido que circula por las venas, y su función principal es la distribución, actuando como transportador de oxígeno, carbono, entre otros elementos. Este líquido vital se presenta como una dispersión continua y fluida.

La sangre arterial, rica en oxígeno, tiene un color rojo brillante, mientras que la sangre venosa, parcialmente desoxigenada, adquiere un tono oscuro y opaco. Sin embargo, debido a un efecto óptico causado por la manera en que la luz penetra a través de la piel, las venas pueden parecer de color azul. Al igual que todos los tejidos, la sangre está compuesta por células.

Los elementos formes, también llamados elementos figurados y articulados, son componentes semisólidos, es decir, mitad líquidos y mitad sólidos, representados por células y derivados celulares. Tanto los elementos formes como los órganos contribuyen a la sangre, formando así el cuerpo, ya que todo en absoluto está constituido por la misma sangre.

Los elementos formes de la sangre son diversos en tamaño, estructura y función. Las células sanguíneas, como los glóbulos blancos y rojos, son elementos celulares que viajan a través de la sangre para cumplir sus funciones en otros tejidos. Estos son los únicos componentes sanguíneos que desempeñan sus funciones exclusivamente dentro del espacio vascular.

Los glóbulos rojos tienen la función principal de transportar oxígeno, hemoglobina, proteínas, etc., hacia todas las células del cuerpo. La hemoglobina, presente exclusivamente en los glóbulos rojos, es un pigmento y una proteína que también transporta el dióxido de carbono, la mayor parte del cual se disuelve en el plasma o líquido sanguíneo. Estos glóbulos rojos son eliminados de la sangre por el bazo, el hígado y la médula ósea. Además, poseen capacidad migratoria.

La sangre, como vehículo para acceder a diferentes partes de la anatomía, utiliza los glóbulos blancos para recoger y destruir agentes infecciosos, así como células infectadas. Además, estos glóbulos blancos segregan sustancias protectoras, como anticuerpos, que combaten las infecciones.

Es importante destacar que la composición de la sangre puede variar según las condiciones fisiológicas, como el embarazo, el estrés, la actividad física, la edad, infecciones, cáncer, entre otros.

Los glóbulos rojos se tiñen pálidamente cuando sustancias extrañas como bacterias o agentes externos, etc., ingresan al organismo durante una infección, contribuyendo al proceso inflamatorio.

Los glóbulos blancos, por otro lado, poseen un núcleo a menudo cubierto por gránulos de secreción. La cantidad de estas células blancas aumenta durante enfermedades, alergias y especialmente en infecciones virales. También puede ocurrir en enfermedades como el cáncer, mientras que en casos de inmunodeficiencias pueden disminuir, llevando a la debilidad.

El estado de ánimo también puede afectar el sistema completo de la persona, especialmente cuando se encuentra constantemente bajo presión, experimentando angustia, desesperación, ansiedad, depresión debido a impresiones negativas o una tristeza constante. "Vivir pecando es estar en constante angustia, y ambas llevan a la muerte.

Los glóbulos rojos están encargados de la inmunidad y la secreción de anticuerpos, que son sustancias capaces de reconocer las bacterias. Los anticuerpos se unen a las bacterias y las destruyen.

Las plaquetas desempeñan un papel crucial al taponar las lesiones que puedan afectar a los vasos sanguíneos. En el proceso de coagulación, contribuyen a la formación de coágulos, siendo las responsables del cierre de las heridas vasculares. Su función principal es coagular la sangre, y son las células más pequeñas de este fluido vital; una gota de sangre contiene alrededor de 250,000 plaquetas. Cuando se rompe un vaso circulatorio, las plaquetas se congregan alrededor de la herida para disminuir su tamaño y evitar el sangrado. El fibrinógeno se transforma en hilos pegajosos, y junto con las plaquetas, forman una red que atrapa los glóbulos rojos, coagulando y creando una costra o postilla para evitar la hemorragia.

El plasma o sangre contiene una variedad de elementos, como agua, proteínas, hormonas, electrolitos, aminoácidos, glúcidos, lípidos, sales, enzimas, anticuerpos, entre otros. Los fibrinógenos, globulinas y proteínas son componentes formados en el hígado.

Las propiedades del flujo sanguíneo están adaptadas a los vasos sanguíneos, y el impulso constante es proporcionado por el corazón. Una persona adulta tiene alrededor de 4-5 litros de sangre. Es crucial tener en cuenta que, si a una persona se le transfiere sangre de un tipo diferente, puede enfermar gravemente e incluso morir; este principio tiene sus raíces en instituciones como el matrimonio, como se menciona en Génesis 20:24 y 1 Corintios 6:16.

La sangre está intrínsecamente vinculada a los elementos que la componen. Transporta el oxígeno en los glóbulos rojos desde los pulmones al resto del organismo. Asimismo, la sangre lleva nutrientes como glucosa, aminoácidos, lípidos y minerales desde el hígado al cuerpo, defendiéndolo de infecciones procedentes del sistema digestivo. Además, la sangre también cumple la función de transportar hormonas.

Las sustancias llamadas hormonas, cuando se liberan al torrente sanguíneo, regulan diversas funciones del cuerpo. Estas moléculas desempeñan un papel crucial en la regulación de funciones como el estado de ánimo, el crecimiento, la función de los tejidos y el metabolismo. Funcionan como una red de comunicación hormonal que responde a los estímulos liberados.

Las hormonas, estimulantes que promueven la actividad en los tejidos, son sustancias producidas por células localizadas en las glándulas endocrinas. Funcionan como mensajeros, liberándose directamente en el torrente sanguíneo y ejerciendo su efecto en órganos o tejidos específicos a distancia de donde se sintetizaron. Influyen en el metabolismo y se difunden a través de los vasos sanguíneos por todo el organismo. Su efecto es proporcional a su concentración, afectando incluso al cerebro y al corazón.

Cabe destacar que el pecado que produce ansiedad puede ser perjudicial al desencadenar la liberación de hormonas. En el amor, el perdón, que conlleva paz y serenidad, modifica el efecto de estas hormonas, promoviendo la salud y la vida.

VEGETARIANISMO

Vegetarianismo: La salud, el bienestar y la pureza; pero también la armonía entre el cuerpo y el espíritu.

Acidó graso omega-3 es más fácil de obtener en una dieta vegetariana, ya que se encuentra en diversos alimentos como el aceite de oliva y las nueces. No obstante, es crucial tener en cuenta que un nivel deficiente de nutrición puede dar lugar a enfermedades cardiovasculares o trastornos mentales.

En resumen, llevar una dieta vegetariana de manera inadecuada, al igual que cualquier otro tipo de dieta, puede resultar en anemia y deficiencias de nutrientes como el complejo B, calcio, proteínas, entre otros. Sin embargo, una dieta vegetariana bien equilibrada, que incluya variedad de frutas, verduras, legumbres, cereales y alimentos fortificados con B12, puede ser no solo adecuada sino también extremadamente saludable.

Una dieta vegetariana no solo es una elección alimentaria, sino también una medida preventiva eficaz contra diversas enfermedades. Ayuda a prevenir enfermedades coronarias y cardiovasculares, así como el cáncer en órganos como el colon, ovarios, mamas, hígado y próstata, entre otros. También se muestra como un escudo protector contra la osteoporosis. La inclusión de frutas y vegetales en esta dieta no solo regula la temperatura corporal sino que también proporciona sustancias esenciales a la sangre. Además, contribuye a la relajación del organismo y brinda deleite a la mente, logrando la satisfacción total de cuerpo, mente y espíritu. Al mantener el equilibrio molecular del organismo de manera correcta, se logra una salud adecuada y se previenen enfermedades. Estos procesos están intrínsecamente relacionados con la absorción, digestión, metabolismo y eliminación. Los procesos moleculares, por su parte, se vinculan al equilibrio de elementos como vitaminas, minerales, aminoácidos, glucosa y transportadores de hormonas, creando una sinergia que favorece la salud integral del individuo.

La nutrición se refiere al conjunto de procesos involuntarios que ocurren después de la ingestión de alimentos, comprendiendo la digestión, absorción y asimilación en las células del organismo tras su paso al torrente sanguíneo desde el tubo digestivo.

Es fundamental reconocer que muchas enfermedades comunes y sus síntomas pueden prevenirse o aliviarse mediante una buena nutrición. Por esta razón, la ciencia de la nutrición se dedica a comprender los aspectos específicos de la alimentación que influyen en la salud, abriendo la puerta a estrategias preventivas y paliativas para mejorar el bienestar general del individuo.

La reacción metabólica del cuerpo en la nutrición; el cuerpo humano está hecho de compuestos naturales como agua, aminoácidos, proteínas, vitaminas, carbohidratos, ácidos grasos, líquidos naturales, fibra, entre otros. Una nutrición adecuada es la que cubre el gasto por la actividad física y las necesidades de nutrientes como las vitaminas y minerales. Igualmente, siempre es importante una hidratación basada en el consumo de bebidas naturales, especialmente el agua, y suficiente fibra naturales.

El primer experimento nutricional registrado se encuentra en la Biblia: Daniel y sus amigos fueron capturados por el rey de Babilonia. Seleccionados como sirvientes de la corte, iban a participar en las finas comidas y los vinos del rey; sin embargo, ellos lo rechazaron, prefiriendo vegetales (legumbres) y agua de acuerdo con sus restricciones dietéticas judías. El administrador del rey, inconforme, accedió a un estudio. Daniel y sus amigos recibieron sus alimentos durante diez días y fueron luego comparados con los hombres del rey. Al parecer más saludables, se les permitió continuar con su nutrición basada en vegetales. (Véase, Daniel 1:8-16).

La oxidación, la disolución de algunos alimentos, es la fuente de calor corporal. La grasa corporal puede ser sintetizada a partir de carbohidratos y proteínas. La energía en la glucosa sanguínea puede ser almacenada como grasa o glicógeno, y se puede agregar leche y carne a la nutrición.

Calorías, proteínas y minerales: Existen seis clases principales de nutrientes que el cuerpo necesita: carbohidratos, proteínas, grasas, vitaminas, minerales y agua. Es importante consumir diariamente estos seis nutrientes para construir y mantener una función corporal saludable. Además, la mayoría de los nutrientes están involucrados en la asimilación que llevan a cabo las células. La deficiencia o el exceso de varios nutrientes afectan la función hormonal. Así como los nutrientes regulan en gran parte la expresión de genes en las hormonas; (en la nutrición, nuestros genes son expresados).

Asegurar el crecimiento y mantener sus funciones vitales: Una mala nutrición no solo afecta el crecimiento sino también las funciones vitales, causando daños bucales. Cuando el cuerpo deja de recibir los nutrientes necesarios para la renovación de los tejidos, la boca se vuelve más susceptible a las infecciones. El exceso de carbohidratos, almidones y azúcares produce ácidos en la placa, los cuales se adhieren al esmalte dental, causando su destrucción.

La base de la pirámide: El área de mayor tamaño representa los cereales o granos, especialmente los granos integrales, que constituyen la base de nuestra dieta. En medio de la pirámide encontraremos vegetales y frutas que nos ayudan a obtener energía de manera más natural y sin efectos secundarios. Para asegurarse de obtener más de la mitad de nuestras calorías de carbohidratos, es preciso consumir las porciones sugeridas en este grupo. Los grupos disminuyen de tamaño a medida que avanzamos hacia el vértice de la pirámide, ya que la cantidad de alimentos representados en esos grupos es menor, lo cual es beneficioso para una buena salud. La punta o vértice de la pirámide representa al grupo más pequeño de alimentos, como grasas, aceites y azúcares, los cuales deben ser consumidos en menor cantidad.

EJEMPLOS DE CAMBIO DE METABOLISMO EN EL CUERPO

*H*ay muchos ejemplos de Cambios físicos e incluso metabólicos; de cómo nuestro cuerpo físico cambia sabiamente para nuestros beneficios de sobrevivencia aquí en la tierra y al mismo tiempo tener el conocimiento de nuestro Creador, Dios. Por ejemplo, los cambios que se producen en la mujer embarazada son para protegerse, nutrirse a sí misma y al nuevo ser.

Las pruebas de embarazo detectan hormonas producidas por los cambios metabólicos, hormonas generadas por la placenta recién formada. Las pruebas clínicas de orina y de sangre detectan el embarazo; comprueban las adaptaciones corporales y los cambios manifestados, que también se manifiestan en la alteración de la percepción de olores, fatiga, debilidad, somnolencia y algunas mujeres embarazadas se manifestarían con mucha energía.

Estos cambios no son solo exteriores; tuvieron su iniciación en lo interior, lo no visible pasa a hacerse visible; y con el mismo orden que Dios se muestra en lo visible, dejándonos ver su orden con sabiduría. (Véase, Juan 1:1-14).

Algunos cambios pueden tener doble función, como beneficiosa o perjudicial. En beneficio, sí se dan naturalmente por ser necesarios en función del propio cuerpo. Perjudicial, cuando se provoca o manipula. Algunos efectos se pueden identificar e incluso nombrar gracias a nombres científicos. Por ejemplo, la progesterona; esta hormona es un sedante para los seres humanos, con fuertes efectos tranquilizantes e hipnóticos.

Otros cambios muy notables son los trastornos de la glándula tiroides y la anorexia, que son efectos visibles provocados por el estrés o la ansiedad; estos efectos son por los cuales el cuerpo trata de manifestarse. En el caso de las mujeres, podría provocar un retraso en la menstruación. Es común el rechazo a bebidas alcohólicas y olores como el humo de los cigarrillos, y este rechazo se incrementa en algunos casos, como en el embarazo o enfermedades, debido a la manifestación del propio cuerpo.

La progesterona, un potente relajante del músculo liso natural, es adaptable para nuestras necesidades físicas. En los hombres, es crucial para el trabajo pesado que realizan, y en el caso de las mujeres, para el trabajo del embarazo. En este sentido, hay un aumento entre esta y otras hormonas. También aparecen en algunas embarazadas estrías abdominales y entre las mamas. Se observa una hiperpigmentación de ciertas áreas de la piel durante el embarazo, y en otros casos, la aparición de cloasma en la piel de la cara. Estas hiperpigmentaciones pueden presentarse por el uso de anticonceptivos orales, por enfermedades del colágeno y por la malnutrición, siendo así ejemplos de manifestación del propio organismo.

En el interior de nuestro cuerpo existen muchos efectos hormonales para nuestra adaptación física de edad, peso corporal, para propiciar la enfermedad o superarla, adaptación por embarazo en la mujer o provocados por el estado de ánimo, la depresión, iras, etc. Las determinaciones son muchas; anticuerpos, estrógenos y progesteronas (activa la producción de leche durante la lactancia. La hormona sexual femenina contribuye a la reparación de la mucosa uterina; prepara el útero para la fecundación). En los hombres también influye; en la modificación del cuerpo y en el carácter. Aunque también en exceso traería consecuencias desordenadas como sobrepeso, desequilibrios mentales, enfermedades corporales, decadencia moral y espiritual, y el aumento del tamaño abdominal como en otras causas, como en una ascitis (acumulación excesiva de líquidos forzando el abdomen, provocando su expansión).

Diversos factores aumentan la posibilidad de que una mujer tenga un embarazo de riesgo en mujeres de edad de 14 años o mayor a 35 años; por consumo de drogas, alcohol y tabaco, enfermedades anteriores o durante el embarazo, anemia, diversas cardiopatías, diabetes, hipertensión, obesidad, diversas enfermedades infecciosas, hemorragia durante la segunda mitad del embarazo o en embarazo anterior y peso corporal menor de 45 kg o mayor a 90 kg.

Embarazos en adolescentes: Es un problema muy grave del que poco o nada se habla y que trae consecuencias físicas, morales y sociales. Jovencitas en vías de desarrollo antes de cumplir 20 años, aún no se ha completado su desarrollo corporal, moral, mental y menos espiritual. El embarazo en adolescentes puede ocasionar consecuencias graves para la salud y el desarrollo, (también para el bebé). Las niñas adolescentes embarazadas se exponen a sufrir desproporción cefalopélvica; los huesos de la pelvis no se han desarrollado completamente y también puede causar una anemia por deficiencia de hierro porque el nivel de sangre es inferior.

Sería conveniente reducir la ingesta de azúcar por sus complicaciones; los niños con un peso mayor de 4 kilos podrían provocar una infección pélvica a su madre al nacer. Las causas son los factores genéticos y la clase de alimentación diaria que los padres han llevado y continúan. Por lo general, los hijos heredan estas y otras complicaciones y enfermedades (genéticamente) de los padres, como el sobrepeso, la diabetes, etc.

El uso de un dispositivo intrauterino podría causar una reducción de la fertilidad. En este tiempo, existen métodos innecesarios que causan muchos daños, incluso a los casos de anormalidades musculares. Existen otros métodos, Dios es sabio; todo lo que Él ha creado es perfecto y para no procrear no hay excepción. Se podría recurrir al método de los días infértiles en las mujeres. "Por el dolor se entristece al espíritu" (la turbación) (Véase, Levítico 15:1-33).

Otros cambios poco considerados son causados por el alcoholismo: debido al constante consumo de cerveza, que provoca que el volumen de agua corporal se incremente debido al aumento de la retención y, si se combinan alimentos con excesiva sal, esta mayor cantidad de agua y sal en los riñones ocasiona dilución de la sangre. Esto podría explicar la anemia entre o tras enfermedades. El aumento del volumen de agua en el sistema sanguíneo causa un aumento en el gasto cardiaco, broncodilatación y aumento en la frecuencia respiratoria, y el inevitable depósito de grasa.

El metabolismo, una vez más, es la modificación del organismo para protegerlo, incrementando así el cambio de hormonas. En el exceso de líquidos, como también el constante cambio de ánimo deprimente, acelerado, agresivo, etc. (la frecuencia cardíaca incrementa; la tensión arterial y la resistencia venosa aumentan, también hay daño nervioso, desequilibrio cerebral y confusión que lleva al error) (Véase, Romanos 7:14-25 y 8:1-39).

Otro ejemplo de este desorden sería en el aborto; un daño fatal físico para la madre y el bebé, son en ambos actos notables. En la mujer siempre tendrá efecto moral, mental, espiritual, psicológico como desequilibrio de la función del cuerpo.

Ante Dios cuentan las intenciones; toda energía positiva alimenta al espíritu. La negativa también se mezcla con la esencia espiritual, manchándola. Toda esencia se encuentra en la presencia de Dios, de la que nadie podrá escapar. En su misericordia, muestra de que es un Dios bueno y compasivo, nos envió a su hijo para darnos su iglesia renovadora, mostrarnos el camino para acercarnos a Él por medio de sus sacramentos.

HOMO SAPIENS

El ser humano, desde el punto de vista biológico, es una especie animal con la denominación científica de Homo sapiens.

Homo, como animal racional, tiene la capacidad de transmitir información, hábitos, imitación e instrucción.

El organismo humano es un sistema bien organizado que incluye mente, entendimiento, conciencia, percepción, emoción, memoria, imaginación y voluntad.

La edad de la pubertad es una fase cuya duración varía según la persona, y los cambios no están marcados por la edad, sino por el desarrollo interno hormonal. El ser humano no debe reducirse solo a sus pulsiones sexuales, las cuales se subliman o reprimen. (No todo es sexo; es necesario conocer los tiempos para alabar a Dios y desarrollar los talentos mediante la meditación).

La mujer sigue viviendo mucho tiempo tras la menopausia, y el sentido del ser humano va más allá de lo corporal y la reproducción; es un ser especial consagrado a Dios.

La pubertad es siempre un desarrollo y un proceso lento en la especie humana. Son desarrollos del cuerpo que se transforman según el organismo de cada ser. Para mantener un equilibrio, también es necesario el desarrollo espiritual.

Aquí se resalta los cambios metabólicos o corporales: el ser humano apoyaba toda la planta del pie haciendo una flexión y descargando el peso en el calcáneo. Actualmente, han logrado una modificación en un caminar ligero con mejor postura y más eficiente. También se ajusta más el ángulo del fémur, el hueso que se extiende desde la ingle hasta la rodilla, incorporándose al cuerpo para un mejor equilibrio; la cadera o pelvis cambia a ser más fuerte, corta y cóncava. La columna vertebral ha pasado de tener una forma de arco en C a una forma de S. Tanto la columna vertebral como la circulación sanguínea se adaptan al organismo. ¡Los cambios anatómicos a nivel corporal son claramente notorios!

Comportamiento humano: el cambio más importante es la evolución de la mente humana, que dio lugar al ingenio creativo y permitió al ser humano dominar su entorno.

El lenguaje designa todas las formas de comunicación, basadas en la interpretación de ejemplos. El lenguaje es utilizado por naturaleza en las personas y en los animales. Sin embargo, el lenguaje, la expresión, es necesario para que el espíritu pueda comunicarse. El cuerpo es la morada de la esencia humana (espíritu o alma); es imposible compartir un pensamiento humano sin la ayuda de los símbolos y señales.

Los seres humanos se han visto a sí mismo como diferentes de los demás animales (véase Génesis 2:19-24). La diferencia, es; ¡una entidad inmaterial llamada espíritu, en la que se manifiesta la mente y la personalidad!

"El espíritu puede existir de manera independiente del cuerpo". Posiblemente, la manifestación más clara de distinción para la humanidad es el arte, que produce cultura y refleja el ser interior en su expresión. Cada individuo puede imprimir sus acciones en su forma de vestir, la elección de su vocabulario, su moral e inmoralidad, y los rasgos propios de su individualidad. Por ejemplo, al analizar una obra, un cuadro, un estilo de escritura, una firma, una manera de fabricar herramientas, etc., se puede deducir quién es su autor, su artífice, su artista. El arte es una de las manifestaciones de la creatividad humana y la expresión del espíritu.

La naturaleza nos provee de alimentos en el entorno que nos rodea y nos invita al desarrollo de nuestras habilidades; no debemos olvidar nuestra procedencia espiritual. En la actualidad, creamos una vida más cómoda, pero ignoramos cómo nos afectarán esos cambios en nuestra estructura genética o qué características fundamentales portará nuestra descendencia para sobrevivir en lo natural o no.

El SUEÑO CON LA SERPIENTE

Entré en el sueño; era un pueblo en el campo y la gente corría aterrorizada. Sorprendida, traté de detener a alguien para descubrir el motivo, pero nadie quiso detenerse.

De repente, un hombre me miró, se detuvo y me dijo: "¿Por qué no corres? ¿Acaso no le tienes miedo a la bestia? ¿No temes que te despedace?"

Asombrada, le pregunté: "¿De qué hablas? ¿Cómo pueden los hombres temer a un animal?"

Él, furioso y asustado, respondió: "No seas absurda. Ni todo el mundo reunido vencería al dragón."

Sin previo aviso, y antes de que pudiera preguntarle más, soltó un grito de terror y trató de escapar. En ese momento, miré hacia atrás para ver lo que él veía; una serpiente se aproximaba. Su cabeza era del tamaño como de un autobús, con colmillos que sobresalían de su trompa.

El hombre solo tuvo tiempo de mirarme, como diciendo: "¡Qué esperas, corre!" Con una expresión de arrepentimiento por haberse detenido a hablarme, la serpiente lo alcanzó. Me quedé inmóvil de terror, incapaz de correr. Noté que no devoraba a las personas, solo las despedazaba. Más adelante, un grupo de personas huía, y la serpiente, al verlos, se lanzó para despedazarlos. Fue entonces cuando reaccioné, corriendo hacia unas montañas en busca de refugio.

Entré en una cueva pensando que sería un buen refugio. Mientras me adentraba, empecé a escuchar voces en su interior y pregunté si había alguien. Un hombre salió con expresión enfadada diciéndome de manera brusca: "¡Ya no hay espacio aquí, vete a otro lugar! Además, aquí solo hay familiares y conocidos".

Mientras él hablaba, un hombre vestido como monje con túnicas color café y un joven salieron diciendo: "¿Por qué le hablas así? ¿Acaso es diferente a nosotros? Ella también busca refugio, al igual que tú y todos".

El hombre enfadado interrumpió: "¡No la conocemos!"

El monje continuó hablando: "¡Basta! Siempre buscas la oportunidad para mostrar la maldad que hay en ti. Ella se queda con nosotros, y no hay más discusión".

El joven se acercó a mí y me condujo hacia el interior donde estaban los demás. Había adultos y niños, tenían una fogata encendida y comida preparada. Me llevó cerca de la fogata y me presentó a todos.

Cuando me sentí más tranquila, pregunté si alguien sabía de dónde venía esa serpiente tan enorme y, con gesto burlón, añadí: "Es tan horrible que parece que escapó del infierno".

Voltearon a mirarme y uno de ellos dijo: "Viene del infierno, él es el dragón, la serpiente que desde el principio nos persigue".

Sorprendida, le dije: "No se supone que debería estar muerta; seguro por eso es tan grande, ha estado escondida todo este tiempo".

El monje respondió: "Él viene desde las tinieblas, ya no necesita morir".

Supuestamente estábamos a salvo en la cueva, cuando de repente se escuchó un ruido fuerte, como el de un terremoto, y todos nos quedamos inmóviles por un momento. Repentinamente, vimos a la serpiente deslizarse frente a la cueva. Yo me sorprendía de lo larga que era y esperaba ver hasta dónde terminaba su cuerpo. De pronto, se detuvo, y todos se levantaron y gritaron: "¡Corran antes de que regrese!" El joven me sujetó del brazo, y tratamos de salir al mismo tiempo que los demás.

Finalmente, salimos y nos dirigíamos hacia la derecha, pero la serpiente ya regresaba y se abalanzó sobre algunas personas, mientras nosotros, muy asustados, corríamos. Después no supimos más de ellos. Seguíamos caminando, esperando encontrar un lugar donde refugiarnos, pero en el camino solo encontrábamos partes de seres humanos, y la tierra parecía como si estuviera toda regada en sangre.

Nos acercábamos a unas montañas, no sabíamos hacia dónde dirigirnos ni siquiera teníamos conocimiento de dónde nos encontrábamos. De pronto, salió de entre los pastos crecidos un hombre que parecía estar vigilando. Desde ahí nos hizo señas con las manos en lo alto para llamar nuestra atención, después gritó: "¡No se preocupen, no tengo intenciones de hacerles mal, pertenezco a un grupo que habita entre estas montañas!"

Nosotros nos quedamos mirándolo, buscando alguna reacción que nos alertara a correr.

Con toda la tranquilidad que él pudo, habló dirigiéndose desde donde él estaba: "¡Vamos, salgan algunos de ustedes para que vean que no estoy mintiendo!"

Entonces, salieron primero como cinco personas, después un grupo más grande detrás de los cinco. Nos acercamos, y el joven le preguntó al señor: "¿Cómo es que están vivos, cómo han logrado escapar?"

Él contestó: "¡No! No hemos escapado aún, la serpiente no ha pasado por aquí todavía, no debe tardar en olernos y llegar hasta nosotros."

Yo le pregunté: "¿Qué piensan hacer cuando venga, acaso tienen algún plan para escapar o para atacarla?"

Él respondió mientras caminábamos en un camino que nos llevaba hacia el centro de las montañas, muy de bajada: "No tenemos ningún plan, y no lo necesitamos porque tenemos algo más importante que hacer, y ustedes son muy afortunados de llegar en este momento".

Al girar en una curva, nos encontramos con una escena sorprendente: un gran grupo de personas reunidas alrededor de un borde ovalado en el centro de las montañas. La diversidad era asombrosa, con individuos de todos los rincones del mundo, hablando distintos idiomas, siguiendo diversas tradiciones y religiones, abarcando desde ricos hasta pobres, sacerdotes, pastores, jóvenes puros, vírgenes de todas las edades y mujeres que irradiaban santidad por su dedicación a la familia en Dios. También estaban presentes aquellos arrepentidos de corazón, quienes, tras conocer la rebeldía, encontraron un valor más precioso que el oro puro: el arrepentimiento genuino. Eran personas con apariencias tranquilas, serena, reflejaban tener mucho amor por los demás, se saludaban y se bendecían unos a otros. Todos compartían algo fundamental: cada uno tenía una Biblia en su propio idioma. Sus actitudes reflejaban una comprensión profunda de las escrituras bíblicas, y estaban dispuestos a explorar y descubrir la verdad que Dios nos ofrece.

Me acerqué tímidamente al grupo, pero un joven insistió en que me acercara más. Con entusiasmo y pasión evidentes, como si estuviera enamorado, se dirigió hacia mí. Empezó a decirme: "¡No te imaginas cuánto motivo de alegría hay hoy! El gran día por fin ha llegado".

Me sentí un poco cohibida, porque en realidad no conocía el motivo de su alegría y le respondí: "De verdad que acabo de llegar aquí por casualidad. Creo que no debería estar entre ustedes. Sería mejor si me permiten retirarme y esperar a que terminen su celebración".

El joven rio, pero sin perder su entusiasmo, me dijo: "No digas que estás aquí por casualidad. Observa a nuestro alrededor; hay personas de todas partes y de diferentes edades. Todos han sido tocados y llamados para la obra de Dios, al igual que tú. Nadie está aquí por casualidad. Al mediodía, cuando el sol esté bajo este borde, el Hijo de Dios descenderá para dar ánimo a su pueblo respecto a la serpiente, para alentarnos a no caer en la desesperación. También se elegirá a alguien de entre nosotros para ser guiado por Jesús, para que salve a su pueblo de la amenaza de la serpiente".

Entonces, me sobresalté al darme cuenta de que estaba en medio de una reunión tan importante. Aunque sentía temor, también experimentaba una ligera esperanza al saber que pronto elegirían a alguien para enfrentar a la serpiente gigante que causaba estragos.

Le comenté al joven: "Con más razón voy a sentarme por allá, fuera del grupo. ¿Puedes señalarme al afortunado cuando lo elijan?"

Él me respondió: "No te vayas, quédate. Quién sabe, tal vez te elijan a ti. El Señor no mira la apariencia física, sino los corazones, y solo Él conoce los corazones".

Mientras el joven hablaba, la atención de todos se desvió cuando el sol alcanzó exactamente el borde de la montaña donde estábamos reunidos. Una luz más brillante que el sol al mediodía se desprendió del mismo sol, iluminando el borde. Luego, la luz se consumía hacia dentro. Al consumirse la luz, En ese momento, se formó la figura de Jesús sentado en un trono y comenzó a hablar: "Yo soy el buen pastor, el que guía a las ovejas por el camino de la verdad y la luz, porque Yo soy la Luz".

Todos escuchaban en silencio, con atención concentrada, esforzándose por captar cada palabra. Ansiosos, absorbían la presencia de Jesús y buscaban entender sus enseñanzas. Eran como almas sedientas, deseosas de guardar esas palabras en sus corazones como un tesoro para poder vivir hasta el momento de partir de este mundo.

De repente, se hizo un silencio profundo cuando el Señor Jesús se levantó de su asiento. ¡Él era maravilloso! Ni siquiera el sol, con todo su esplendor, podía compararse con Él. Sus ojos irradiaban una pasión que superaba incluso a las piedras más preciosas. Su piel era fresca y radiante, sus pies resplandecían como el oro puro, su vestidura era de un blanco deslumbrante y sus cabellos tan tiernos como los de un bebé.

Al presenciar esto, sentí que iba a desmayarme. Su presencia me fortalecía mientras su voz me arrullaba. Era como un arroyito de agua viva, tan relajante y apacible para mi cuerpo y mi alma. Sentía su voz penetrando mis oídos y mi piel, ascendiendo hacia mi cabeza y llegando a mi corazón. Me inundaba de vida en cuerpo y espíritu, y lo mismo parecía suceder a todos los demás. Los veía temblar y regocijarse.

El joven se emocionó al ver al Señor Jesús de pie y listo para elegir. En voz baja, me dijo: "¡El momento de elegir, te imaginas, elegirá al que peleará contra la serpiente!"

Justo cuando el joven terminaba de decir eso, el Señor Jesús pronunció un nombre. El joven quedó admirado, mirándome sin poder articular palabra. Sorprendida, le pregunté: "¿Ya eligió? ¿Quién fue? ¡Quiero verlo!"

Cuando dirigí mi mirada a Jesús para identificar a quién había elegido, me di cuenta de que me estaba mirando a mí. Observé a mi alrededor y no vi a nadie más. Volví la vista hacia el joven y le dije: "Qué bien, se nota que tienes mucho amor por Dios y tus hermanos".

Apenas pudo hablarme: "No, yo no".

Un escalofrío recorrió mi cuerpo de pies a cabeza al percatarme de que se refería a mí. Volteé hacia Jesús diciendo: "¡No Señor, te equivocas, mírame!"

Con tranquilidad y ternura, él respondió: "Yo no me equivoco".

"Pero Señor, ¿por qué no eliges a alguien más preparado o digno que yo? Aquí hay sacerdotes, pastores, hombres valientes y vírgenes; cualquiera de ellos es mejor que yo".

Él continuó diciendo: "Salva a mis santos".

Esto lo expresaba justo cuando de repente se escuchó un zumbido, como el de un terremoto, y todos supimos que la serpiente nos había encontrado. En poco tiempo, la serpiente atravesó las montañas y devoró a un grupo que se entregaba a la oración.

Avergonzada, me acerqué a Jesús y dije: "Señor, perdóname por tus santos. Ya he fracasado desde el principio, pero todavía estás a tiempo de buscar a otro que no te falle como yo".

"Yo no me equivoco, y ellos no se moverán si tú no se los pides. Por los que han sido despedazados, no te preocupes; ya están a salvo".

Para entonces, la serpiente ya despedazaba a casi la mitad del grupo. Inmediatamente les gritaba a todos: "¡Huyan, salven sus vidas y no se aparten de Dios!" Con este llamado, todos corrían en diferentes direcciones para ponerse a salvo. La serpiente, al escuchar esto, se dirigió hacia mí. Me llené de terror y, al mismo tiempo, me resigné a morir porque sabía que conmigo no haría excepción. Venía a toda velocidad, se detuvo y levantó la cabeza a poca distancia de mí. Empezó a moverse lentamente de un lado a otro mostrándome sus grandes colmillos para intimidarme y también lentamente movía su doble lengua muy cerca de mi rostro. Yo estaba confiada porque sabía que Jesús estaba ahí y nos iba a proteger.

Vi que Jesús dirigió su mirada hacia la serpiente, y esta habló a Jesús: "Tú, el Hijo de Dios, mira cómo devoro a tus santos, y tú no puedes hacer nada porque me aman".

Jesús, con gran serenidad, miraba a la serpiente y luego a mí. Su mirada era penetrante y me llené de suspenso, sin saber si Jesús me ordenaría hacer algo contra la serpiente o si esta me atacaría. Quería huir, pero mi cuerpo estaba paralizado de terror. En ese instante, noté algo sorprendente: la serpiente no tocaba ni por accidente el lugar donde Jesús se encontraba. Se deslizó suave y lentamente, mirando el rostro de Jesús. Sin embargo, Jesús no se intimidaba ni por la serpiente ni por sus palabras.

Mientras la serpiente realizaba estas acciones, Jesús mencionaba unas palabras que están escritas en la Biblia: "El que pierda la vida por mí o por el Evangelio, en verdad la salvará. El que me confiese delante de los hombres, yo le confesaré en la casa de mi Padre".

Esas palabras resonaron en mi corazón. Comprendí que se refería a aquellos que estaban siendo sacrificados por la serpiente. No renegaban de un solo Dios ni de sus palabras en la sagrada Biblia; no cuestionaban, simplemente se entregaban mirando al cielo con pasión. Sus miradas eran asombrosas, como si aún vivos, ya se consideraban fuera del cuerpo, liberados y listos para desprenderse y elevarse hacia el rostro de Dios. Yo ya no sentía miedo ni preocupación al presenciar cómo la serpiente devoraba a las personas, al darme cuenta de que la serpiente no obtenía nada de ellos.

Había un grupo de hombres que viajaban con sus mujeres, niños y jóvenes, y se detenían frente a la serpiente para negociar con ella: "Nosotros y nuestros hijos estamos aquí para servirte. Si lo deseas, te traeremos a todos los que encontremos o a aquellos que tú elijas. ¿Acaso deseas ofrendas? Te ayudaremos; aquí tengamos hachas y cuchillos; esto puede servir".

La serpiente, con la cabeza levantada, los escuchaba en silencio, pero poco a poco se llenaba de furia y en un arrebato devoró a los niños y jóvenes. Luego, la serpiente los rodeó para intimidarlos aún más, pero los hombres trataban de aparentar valentía. Uno de ellos no pudo soportarlo, empezó a temblar y a llorar de miedo. En ese momento, la serpiente devoró a sus mujeres. Los hombres miraron al que lloraba, culpándolo, y lo mataron con las hachas y cuchillos. La serpiente observaba atentamente. Después de que los hombres mataron al que lloraba, se arrodillaron frente a la serpiente con las armas manchadas de sangre en sus manos, como signo de lealtad. Un destello se encendió en los ojos de la serpiente y, en un arrebato, también los despedazó. Inmediatamente, la serpiente dirigió una vez más la mirada hacia Jesús.

Jesús comenzó a hablar: "Al principio, escucharon decir: 'El que no adore a la bestia y a su imagen o no se ponga la marca, la bestia lo matará. Yo les digo que el que se arrodille, ya ha perdido la vida. Todo este tiempo y no han entendido nada, han perdido su tiempo; la bestia es el pecado, y quien lo comete adora a la bestia, entonces está muerto y va al lugar para los muertos'".

Luego, se dirigió a mí y me dijo: "Salva a mi pueblo de la muerte de la serpiente".

Asustada, le contesté: "Pero Señor, yo no puedo. Búscate a otra persona que sea capaz".

Me miró directamente a los ojos por un instante y muy seriamente me dijo: "Yo no me equivoco, salva a mi pueblo".

Le respondí: "Mira, Señor, no puedo negarme a tu voluntad. Está bien, pero que seas tú quien me guíe personalmente".

Mientras tanto, la serpiente seguía despedazando a cuanto alcanzaba y parecía no preocuparle nada, hasta el momento en que le di esa respuesta a Jesús. Fue entonces que la serpiente se llenó de furia y con extrema rapidez se acercó hacia mí. Me asusté muchísimo y traté de estar aún más cerca de Jesús, sin atreverme a tocarlo. La serpiente se aproximaba y despedazaba a aquellos que, como yo, buscaban la confianza interior estando cerca de Jesús. La serpiente los despedazaba mientras, al mismo tiempo, miraba directamente a los ojos de Jesús. Sin embargo, Jesús no perdía su tranquilidad y serenidad; él apartaba la mirada de la serpiente para dirigirse a mí.

Cuando me di cuenta de que, aun estando en la presencia de Jesús, eran devorados por la serpiente, tuve miedo y le dije: "Señor, si quieres que salve a tu pueblo, te pido que no permitas que la serpiente me quite la vida, así sabré que estás conmigo".

Con una mirada llena de amor, me dijo: "Sí, te lo concedo. Vive y salva a mi pueblo".

Entonces, la serpiente, muy furiosa, se acercaba rápidamente hacia mí, y le dije a Jesús: "Dime qué debo hacer, a dónde debo dirigirme para que no me quite la vida".

Él me dijo: "Ve a Tierra Santa; allí él no puede entrar. Llévate a mis santos. Ahora tengo que irme".

Le pregunté: "Señor, ¿cuándo te volveré a ver? ¿Cómo sabré que estoy actuando bien, cumpliendo tus deseos con agrado?"

Me contestó: "Yo soy la estrella de la mañana, la luz que guía al mundo. Regresaré para estar con ustedes, y mi luz será vista por el mundo entero. En ese momento nos veremos, y sabrás que yo estoy contigo".

Lentamente caminó y se detuvo frente a su asiento. De Él emanó una luz resplandeciente de tono azul, que luego se volvió intensamente blanca. Era tan brillante que resultaba insoportable. Poco a poco, la luz se elevaba y parecía abrirse a otra dimensión por donde la luz desaparecía.

Después de la partida de Jesús, me dediqué a huir de la serpiente, que estaba furiosa conmigo y me perseguía implacablemente. Con determinación, corrí y salí de aquellos montes, dirigiéndome a un pueblo cercano donde se alzaba una iglesia enorme en la cima de un monte. La iglesia tenía dimensiones imponentes, pareciendo un palacio, y en lo más alto de su techo destacaba una cruz visible desde cualquier parte del pueblo. Llena de alegría, alabé a Dios, pensando que en ese lugar me salvaría de la serpiente, recordando las palabras de Jesús: "En Tierra Santa, la serpiente no puede entrar".

Apresuré el paso y, mientras corría hacia la iglesia, me encontré con un joven que también huía de la serpiente. Exhausta, por un momento me detuve en el camino, resignándome a morir. Sin embargo, el joven, al notarlo, regresó y me habló: "¿Qué estás haciendo? ¿Por qué te das por vencida ahora que estás tan cerca? ¡Vamos, levántate!"

Fatigada, le respondí: "No, vete, sálvate tú. Date prisa que ya se acerca. No mueras por mi culpa".

Decidido, me dijo: "Si tú no te salvas, me quedaré aquí para que me devore a mí también. Si logro salvarme de la serpiente, ¿cómo podré vivir mis días sabiendo que te dejé morir y no hice nada por ti? No creo que eso sea vivir".

En ese momento, comprendí que Jesús me hablaba a través de él, y en mi corazón le alabé. También recordé la promesa de Jesús de que no moriría devorada por la serpiente. Le sonreí al joven y le respondí: "No sabes lo que hablas. Ahora sé lo mucho que amas a Dios en tu corazón. Vamos".

Corrimos lo más rápido que pudimos, y para entonces, la serpiente ya estaba a la mitad del camino. Entramos a la gran iglesia y nos postramos frente al altar, donde se encontraba una imagen de Cristo crucificado. Mientras estábamos de rodillas clamando frente al altar, alguien tocó mi hombro y me llamó por mi nombre. No pude voltear, me paralicé, todo mi ser se estremeció al reconocer esa voz: era la de Félix. Él caminó y se paró frente a mí. No podía ni hablar ni moverme por la impresión de verlo ahí. Félix volvió a mencionar mi nombre y me dijo muy extrañado: "¿Qué estás haciendo aquí? ¿Cómo me encontraste? ¿Acaso sabías que yo estaba aquí? ¿Quién te lo dijo?"

Poco a poco me recuperé de la impresión hasta que pude hablar y le dije: "Yo no sabía que tú estabas aquí. Dime, ¿acaso tú me estabas buscando?"

Él contestó: "No, llegué aquí porque estoy huyendo de la serpiente. ¿O es que tú no la has visto?"

Estábamos hablando cuando la serpiente se asomó por una de las ventanas, y nos llenamos de terror. El joven puso sus manos sobre cada uno de nosotros y dijo con voz suave: "Perdónenme que los interrumpa, pero no olvidemos que la serpiente anda detrás de nosotros. ¿Alguno de ustedes ha pensado qué hacer para salvarnos? Porque yo no puedo ni pensar".

Entonces, le dije a ellos: "Jesús me dijo que en Tierra Santa la serpiente no puede entrar. Quedémonos juntos y veamos qué pasa". Justo después de decir esto, la serpiente derribó la puerta y entró. Nos miró fijamente y luego atravesó el altar de la iglesia, dejando un rastro de destrucción a su paso. Al notar unas escaleras que se dirigían hacia los pisos superiores, susurré con suavidad para que la serpiente no nos escuchara: "Vengan, por aquí, rápido, escapemos". Corrimos subiendo piso por piso hasta llegar al ático de la iglesia.

Desde una pequeña ventana en el ático, podíamos observar a la serpiente entrar y salir por las grandes ventanas de cada piso de la iglesia, intentando alcanzarnos. Desde esta posición elevada, también veíamos un cementerio detrás de la iglesia, donde algunas personas se ocultaban entre las tumbas. La serpiente los percibía, los olía, se deslizaba recorriéndose hasta alcanzarlos y los devoraba, manteniéndonos cautivos en la iglesia con el resto de su cuerpo para asegurarse de que no pudiéramos escapar.

El joven, al presenciar esto, me preguntó: "¿A qué se refería Jesús con tierra santa? Si la serpiente entró en la misma iglesia y destruyó el altar, y tú has visto cómo también despedazó a los que se ocultaban en el cementerio, ¿estamos en el lugar equivocado?"

Preocupada, le respondí: "No lo sé, pero para averiguarlo, creo que ya es muy tarde. Desde aquí, no podremos escapar". La razón era que ya habíamos llegado al ático de la iglesia, y la serpiente se enredaba en todo el edificio para alcanzarnos.

La tristeza invadía mi ser mientras Félix intentaba disimular que no se daba cuenta de mi desánimo, ya que no sabía qué decirme para reconfortarme. Entonces, comencé a despedirme, expresando mi profundo agradecimiento por haberlos conocido. Al joven le agradecí por la lección de no rendirme, agradeciéndole a Dios por él. A Félix le expresé mi gratitud por su ayuda en el trabajo y me despedí también de él.

De repente, el joven se asomó por la ventana del ático y dijo: "Dios es misericordioso, todavía tenemos un lugar al que podemos huir. ¡Miren, la cruz de la iglesia, es enorme!"

Les pregunté: "Sí, pero ¿qué podemos hacer? ¿Se les ocurre algo?"

El joven contestó: "Subamos a la cruz, tal vez no nos alcance y así podremos salvarnos, o al menos tendremos el privilegio de morir en la cruz. ¿Qué mayor privilegio hay que ese, qué mayor dignidad que morir acompañando la muerte de Jesús?"

Félix y yo nos animamos con la idea del joven y decidimos subirnos a la cruz. Primero subí yo, luego el joven, y por último, Félix se preparaba para salir. Sin embargo, cuando iba saliendo por la ventana, la serpiente lo alcanzó y lo traspasó con sus enormes colmillos. El joven y yo lo observábamos morir. En ese momento, el joven suplicaba a Dios que recibiera a Félix en el cielo, orando en voz baja.

Abrazados en lo alto de la cruz, observé cómo la serpiente rompía la pared del ático, salía y alcanzaba al joven. Sorprendido, el joven miraba cómo los colmillos de la serpiente atravesaban su cuerpo. Comenzó a orar, encomendando su alma a Dios, agradeciéndole por haberle concedido la vida y haberle amado. También expresaba su pesar por no haber amado a Dios más y le pedía perdón. Finalmente, murió.

¡Mi ser se paralizó porque solo quedaba yo; era inevitable escapar! Entonces, comencé a suplicar y a llorar diciendo: "¡Señor

Jesús, me prometiste que la serpiente no me quitaría la vida! ¿Dónde estás? ¿Por qué me abandonas?" ¡En el momento en que decía esto, la serpiente ya clavaba sus colmillos en mi cuerpo, atravesando mi estómago y una de mis piernas; claramente sentía cómo mi sangre salía, cubriendo mi cuerpo! Luego, mi espíritu se separó de mi cuerpo y comenzó a elevarse hasta mi cabeza. Mis ojos espirituales veían mi cuerpo marchitándose. Me sentía como si tuviera otra vida, pero era entonces incomprensible para mí; otra dimensión se abría frente a mis ojos espirituales. Una luz resplandeciente se veía al fondo, y se alcanzaban a distinguir muchas personas caminando de un lugar a otro. Esa luz brillante avanzaba hacia mí, atravesando a los que caminaban sin interrumpirlos, y poco a poco iba tomando forma de hombre a medida que se acercaba. En un instante, se completó y me habló: "¡Te dije que en tierra santa él no puede entrar! Aquí no tiene poder. Ahora entra, que el pueblo espera por ti. La celebración de mis santos nunca termina!"

Me tomó de la mano, y caminé con Él, comprendiendo que dejaba mi cuerpo como un vestido acabado e inservible, que en su momento me fue útil para conocer los misterios de Dios. Ahora me veía despojada de él para recibir una vestidura nueva, blanca, pura y eterna al lado de los santos y de Jesús.

REVELACIÓN DEL DIABLO

En otra ocasión, me preparaba para irme a dormir y cuando me acosté en la cama, me vino un sueño profundo, quedándome inconsciente como en ocasiones anteriores. Esta experiencia no era voluntaria y resultaba tormentosa; por eso siempre intenté liberarme de esta condición pero siempre sin éxito. Al sumergirme en este sueño, la angustia se apoderó de mí, traté de tranquilizarme para tratar salir de este estado en el que me encontraba, aunque tuve temor porque no sabía qué vería en esta ocasión, pero el sueño me venció y ya no me quedó más que enfrentarlo. Traté de orar para fortalecerme moralmente, ya que con nada físico podía enfrentármele.

De repente, escuché una voz burlona y varonil que decía: "Así que estás dispuesta a enfrentarte a mí".

Por un momento, pensé que alguien se había infiltrado en mi habitación y había estado escondido. Me asusté, pero también me di valor y, decidida, le grité: "¡Cobarde! ¿Por qué no das la cara? ¡Sal de tu escondite!"

Intenté levantarme, pero mi cuerpo se sentía pesado. Él comenzó a reírse y dijo: "Querías verme". Acercó su rostro oscuro al mío, y pude verlo. No podía creerlo, era un demonio, sentado cerca de mi cabeza; todo mi ser se llenó de escalofríos, y sentí que los huesos se me secaban. Entonces, traté de respirar y calmarme para preguntarle: "¿Qué quieres de mí? ¿Por qué te has molestado en revelarte? ¿Acaso soy de gran valor para que te atrevas a mostrarte y hablarme?"

Me dijo: "Vengo a pedirte que te rindas. No luches más por tu vida. De todas maneras, en unos días vendré por ti. Me perteneces".

Le contesté: "Tú lo has dicho. Es mi vida, y tengo derecho a luchar por ella. Si realmente vas a llevarme, tendrás que esperar esos días. ¡No me rendiré!"

Me respondió: "Está bien, pero de nada te servirá. Sin embargo, podría hacer algo por ti. Podrías vivir más a cambio de que hagas algunos favores para mí. Necesito gente para resolver algunas cosas pendientes".

Le pregunté: "¿Cómo qué? ¡Mírame! ¿En qué te podría ser útil? ¿No es verdad que necesitas a alguien que llame la atención?"

Me contestó: "Yo puedo atribuirte. Solo tienes que aceptar. A los que me sirven, les doy de mi poder. La sabiduría de este mundo es mía, y sin mí, ellos no son nada".

Le dije: "Ya veo. Quieres usar mi ser para atraer a otros hacia ti y que también te sirvan".

Me respondió: "Así es. Tengo a muchos ya a mi servicio, pero al que me adore, le doy más poder. El poder de saber con exactitud lo que guarda el alma de otros y el arte de la pasión".

Le pregunté: "Dime, ¿acaso no está Félix entre los tuyos?"

Se irritó, casi saltaba de la furia, y dijo: "¡No me hables de ese. Lo odio!"

Le volví a preguntar: "Tú, con tanto poder, ¿odias a un mortal como él? ¿Acaso es mejor que tú? ¿Qué puede tener él para que lo odies de esa manera?"

Se quedó tranquilo por un instante, pensó un poco y me contestó: "Está bien, te lo diré. De todas maneras, nadie te creerá y muy pronto morirás. De nada te servirá que lo sepas. Lo odio porque él no es uno de nosotros. Le he enviado a varios de los míos y a todos los ha vencido. Hace poco tiempo lo teníamos en aflicción para ver si se desesperaba y por el odio me adorara. ¡Ya lo tenía, pero se me escapó!"

Agregué: "¿Así que lo que pasó con su hermano, fuiste tú?"

Dijo: "Sí. También puse al descubierto su corazón en presencia de su hermano. Pero lo arruinaré, hasta que me adore." Y desperté.

RAZÓN POR LA QUE LLEGUÉ A USA

Salí de México porque el padre de mi hijo es una persona muy agresiva. Constantemente me amenazaba con su arma de fuego de su trabajo, apuntándonos a mí y a mi niño en la cabeza, y también nos golpeaba en muchas ocasiones. Siempre nos sometía a humillaciones verbales e incluso llegó a encerrarnos en casa con candado. Además, me tenía amenazada con matarnos a mi hijo y a mí si le contaba a alguien

Fue una situación difícil para mí, ya que él era el comandante de la región en ese entonces. Yo con 18 años, junto con mi niño de un año y tres meses, escapamos en la primera oportunidad que tuvimos. Pasé algunos días con familiares y conocidos, escondiéndonos de él, pero me parecía frustrante vivir así. Mi familia no podía ayudarme, y tenía miedo de que él les hiciera daño.

Otra razón fue que mi familia no veía nada de malo en que las mujeres se casaran siendo menores de edad, ya que es una costumbre en algunas familias. Una vez que los hijos se han independizado, los padres quedan libres de responsabilidad. Por todas estas razones, decidí escapar a Los Estados Unidos de América.

Durante la frustración, oraba mucho a Dios y en sueños Él me hizo saber que saldría del país, además de confortarme y sanarme del daño moral que ese hombre me causó.

La única manera de salir del país era hacerlo a escondidas, incluso de mi propia familia. Solo mi hermana Ana lo sabía por si algo me ocurría en el camino y así ella pudiera buscarme.

El organizador de los viajes mandó decir que el próximo viaje sería en quince días. Sin embargo, apenas había pasado una semana cuando me avisaron de nuevo que saldríamos al día siguiente. Comencé a sentirme nerviosa, pero para mí no había otra opción, y así comenzó nuestro recorrido hacia la frontera.

Empezamos a caminar por el desierto, una travesía que duró casi dos semanas. Durante esos días, enfrentamos espinos, intensos calores y temperaturas muy bajas por las noches. A esto se sumaba el peso del equipaje con alimentos, la constante preocupación por el niño y los aullidos de coyotes que rondaban cerca de nosotros. Fue un viaje agotador y una experiencia sumamente impactante.

Después de atravesar el desierto, continuamos viajando en carro y autobús, pasando por diversas ciudades. Así continuamos durante un mes y medio, tiempo durante el cual tuve la oportunidad de reflexionar.

Personalmente, al llegar a este país, sentí que estaba volviendo a empezar. Tenía ante mí la libertad, la posibilidad de elegir entre lo bueno y lo malo, y la presión de que mis decisiones determinarían el rumbo de mi vida. Cada vez que recordaba la razón por la cual había llegado aquí, comprendía que Dios lo había permitido y que mantenía la esperanza de encontrar y conocer el propósito que Él tenía para mí.

Después de todo ese tiempo viajando, finalmente llegamos a la ciudad de Nueva York. Una vez en NY, llamé a mi primo que vive en Elizabeth, NJ, para que viniera a recogerme.

Residí junto con mi primo y su familia por un tiempo en Elizabeth, NJ. En un intento de cambiar mi residencia, decidí mudarme con mi padre que vivía en el estado de Wisconsin. Sin embargo, al momento de abordar el autobús, una intensa percepción me invadió, provocando una fuerte emoción que me inmovilizó y evitó que me fuera. Esta revelación me indicó que había algo importante para mí que debía investigar.

Los días pasaron, y aún continuaba mi búsqueda sin saber a dónde ir ni teniendo idea de lo que debía buscar. Solo comprendía que en algún momento llegaría el momento y algo me haría entender que ese era el lugar indicado.

Mi primo y su jefe, quienes trabajaban guiando un camión para distribuir productos mexicanos por todo NJ, de vez en cuando nos invitaban a mi hijo y a mí para que conociéramos algunos de los pueblos. En una ocasión, fuimos al pueblo de New Brunswick, y al bajar del camión, experimenté nuevamente la misma percepción, aunque con menos intensidad que la primera vez. Fue entonces cuando entendí que en la ciudad de New Brunswick comenzaba mi búsqueda.

Decidí mudarme a la ciudad de New Brunswick, NJ, con la esperanza de encontrar el motivo de esa percepción. Después de vivir aquí unas tres semanas, comencé a dudar de mi decisión y a pensar que tal vez había cometido una tontería. La desilusión que sentí me llevó a lamentarme, y empecé a orarle a Dios, pidiéndole que me enviara una señal clara, una que no pudiera ignorar, para confirmar si todo esto era más que una ilusión personal.

En esa misma noche, tuve un sueño. Me concentré en el escenario del sueño para descubrir su propósito. Escuché la voz de una mujer y, en ese instante, comencé a caminar en busca de la fuente de la voz. Vi muchos asientos en una gran sala con rejas y sin puerta, donde se encontraba una señora de rostro maduro y hermoso. Reflejaba serenidad y seguridad con un rostro y cuerpo puros, a pesar de las vestiduras largas adornadas con gracia y elegancia inigualables. Ella me dijo: "Te estoy esperando, ¿por qué no vienes a verme?" y su tono se tornó un poco triste.

Le respondí: "Disculpe, ¿por qué me dice eso? ¿Acaso usted me conoce? Dígame su nombre; tal vez así me acuerde de usted". En ese momento, me di cuenta de que era la Virgen María y comencé a reclamarle por lo que me había sucedido en México. En respuesta, me mostró imágenes de cosas terribles, como asesinatos de los que me había librado y maldades en las que pude haber caído. Mi enojo se convirtió en tristeza al reconocer la verdad de sus palabras, y finalmente le pregunté: "¿Por qué no evitaste mis desgracias?"

Ella comenzó a decirme: "Te he protegido en los momentos más amargos de tu vida. Estoy con quienes padecen desgracias, no con los que las cometen, y de estas desgracias te protegí".

Luego, arrepentida de mis reclamos, le pregunté: "¿Por qué estás triste?" Creyendo que había sido por mi imprudencia.

Ella me dijo: "No puedo salir de este lugar, así que deberás venir a verme".

Miré más detenidamente y noté que sus pies no tocaban el suelo, lo cual me impresionó mucho.

Luego, desperté, pero me causó mucho pesar y remordimiento porque pensé que la Virgen también estaba triste conmigo por faltar a la Santa Misa. Ahora sentía la necesidad de buscarla, me sentía comprometida, especialmente porque me había permitido ver ese lugar.

Por la mañana, después de levantarme, fui en busca de ese lugar y, efectivamente, existe: es la Iglesia llamada Nuestra Señora Del Carmen en New Brunswick, NJ. Al entrar a la iglesia, lo primero que vi fue una imagen de la Virgen de Guadalupe. Le recé para pedirle perdón y le prometí que no faltaría más a misa. Luego, la gente comenzó a llegar porque iba a iniciar la Santa Misa. Me fui recorriendo el lugar para dar espacio a los que iban llegando, y sin darme cuenta, quedé en el mismo lugar que vi en el sueño. ¡Me sentí invadida de emoción y mis piernas comenzaron a temblar, casi caigo al piso!

En mi interior pensaba: "Nadie conocerá esta experiencia tan extraordinaria que estoy viviendo". La sensación fue tan intensa que empecé a llorar, y una joven notó las lágrimas que brotaban de mis ojos. Se detuvo y me abrazó, como brindándome consuelo, sin ella saber que eran lágrimas de alegría.

Pasó el tiempo, y en las residencias en las que viví me encontré con muchas situaciones desagradables. En la primera vivienda, donde me mudé, siempre ocurrían peleas entre el matrimonio que la habitaba. Incluso, la señora llegó a apuñalar a su esposo, debido al constante consumo de alcohol por parte de ambos. Esta situación me llevó a mudarme a otro lugar.

En la siguiente residencia, me encontré con personas que estaban usando drogas, algo que nunca hubiera imaginado. Esta situación también me obligó a mudarme nuevamente.

En la tercera vez que me mudé, creí que finalmente había encontrado un lugar donde estar en tranquilidad. La vivienda estaba ocupada por una familia que parecía respetable: el encargado de la casa, su esposa embarazada, su hijo de dos años, un tío y un primo del encargado, todos muy respetuosos y amables. Sin embargo, después de algunos meses, el hermano y cuñada del encargado llegaron de visita.

Cuando el hermano me vio sentada en el mueble, se acercó y se sentó precisamente a mi lado, rozando su pierna y su brazo con los míos y mostrando una mirada de atracción hacia mí, sin conocerme. Esta situación me hizo sentir muy incómoda, especialmente porque no le importó que su esposa lo observara. Incómoda, me levanté del mueble, me excusé con los demás y me fui a mi cuarto.

Una semana después, regresaron con la noticia de que se quedarían a vivir en la casa. En la primera semana de su estancia, el hermano se deshizo de su esposa. Discutían a diario, llegando incluso a golpearla y tirarla por la escalera, mientras yo, aterrorizada, escuchaba todo desde mi cuarto. Finalmente, la expulsó de la casa, pero ella no lo denunció porque lo amaba y esperaba reconciliarse con él, ya que era el padre de sus dos hijos.

Después de deshacerse de su esposa, me confesó que lo había hecho para quedarse conmigo, un asunto del cual yo no tenía conocimiento porque nunca le di motivo. Al presenciar todo esto, lo único que sentía por él era terror, y me negué en todo momento.

En una ocasión, trató de abusar de mí al intentar entrar a mi cuarto. Sujetó mis manos y me dijo: "Si no fue a las buenas, entonces será a las malas. Yo traté de ser bueno contigo". En ese momento, mi hijo se encontraba durmiendo. Grité para que alguien en la casa escuchara, mientras él se burlaba, asegurando que se había asegurado de que no hubiera nadie en la casa. En ese momento, mi hijo se asomó para ver lo que estaba sucediendo, buscó una escoba para defenderme y le golpeó en la cabeza. El individuo se estremeció, sorprendido, y rápidamente se giró para ver quién le había golpeado. Se detuvo por un momento como pensando. Yo estaba en suspenso y temerosa, sin saber si el individuo sería capaz de golpear al niño o de abusar de mí delante de él.

Al parecer, decidió no actuar y comenzó a caminar lentamente hacia la salida. Mientras se iba, nos amenazó diciendo que su humillación no se quedaría así y se fue. En mi interior, invocaba a Dios agradeciéndole a Él y a mi niño por su valentía, ya que gracias a su acto, ese hombre reaccionó de otra manera.

Al día siguiente, mi hijo y yo salimos en busca de otro lugar para mudarnos. Sin embargo, regresamos a la casa en la tarde porque el niño se quedó dormido. Le dejé al cuidado de la esposa del encargado de la casa, a quien le pagaba por cuidarlo cuando yo trabajaba. Esta vez, lo dejé con ella para ir a comprar la cena. Cuando regresé, el individuo que trató de abusar de mí, como venganza, lo había entregado a la policía, alegando que alguien había abandonado al niño en el patio de su casa.

Desesperada, acudí inmediatamente en su búsqueda. La policía investigó el caso y él fue arrestado. Mi hijo y yo fuimos puestos bajo la protección de jóvenes y niños, NJ DYFS.

El señor que inicialmente me habían asignado en DYFS fue reemplazado por una mujer, con la intención de que me sintiera más cómoda y en confianza. Posteriormente, la trabajadora social me presentó ante la corte para que una jueza decidiera nuestra condición final. La jueza me aconsejó que continuara con mis estudios y ofreció ayuda proporcionando cuidado para mi hijo mientras buscaba una mejor situación para ambos. Estableció que esta condición sería válida hasta que me graduara de mis estudios de inglés y completara mis estudios básicos escolares.

Comencé a estudiar durante una hora al día mientras mantenía dos empleos, uno por la mañana en una empresa donde se empacaban ropas y otro por la noche en un restaurante. Después de cuatro meses, regresé a la corte para informar sobre mi progreso, y la jueza me sorprendió al decir que me entregarían a mi hijo esa misma semana, lo cual finalmente ocurrió.

Había transcurrido un año desde mi llegada a este país, y la desesperación empezaba a apoderarse de mí. En ese momento, le pedí a Dios que me enviara un ángel, alguien que me hiciera sentir su reconocimiento y consideración, para mantener viva la esperanza de descubrir mi propósito. Simultáneamente, un joven llamado Rami también le pedía a Dios conocer a alguien que compartiera su fe, para no desesperarse y confirmar que Dios siempre le escuchaba.

Después de unos días, Rami me confesó que unos minutos antes de conocerme, él también había hecho esa misma petición. Estoy agradecida con Dios por Rami; gracias a él, experimenté el verdadero amor de la amistad. En él entendí la importancia de practicar la amistad con los padres, hermanos, y, sobre todo, con Dios. Rami, un joven que temía ofender a Dios en cualquier aspecto, le amaba tanto que anhelaba ir al cielo para estar en su presencia, considerándose así un ángel en la tierra. Cuando lo conocí, estaba en su último año de universidad; después se graduó y regresó a su país para reunirse con sus padres, a quienes ama profundamente. Él agradece a Dios por la bendición de crecer con ambos padres que temen a Dios. "Gracias por tu ejemplo de oración, tu gran fidelidad, primero con Dios y luego contigo mismo, y por el profundo respeto que tienes hacia tus hermanos."

Fue entonces cuando conocí a una mujer a la que le pedí ayuda. Ella me recibió en su casa para que cuidara a su niña recién nacida a cambio de poca paga y comida. Sin embargo, esto no era suficiente para cubrir los gastos más necesarios, ya que debía dos meses de renta. La mujer me informó que conocía a un señor que era una buena persona y que podría ayudarme con un trabajo, y que confiaba que ahí yo estaría bien. Le pregunté por la clase de trabajo que era y me dijo que era en una barra.

Por barrios días lo pensé, hasta que ya no pude más porque no soportaba ver a mi hijo pedirme comida y yo no tener dinero para comprarle. La desesperación me invadía y solo lloraba. La mujer me ayudó a decidir que solo trabajaríamos por dos o tres semanas hasta que me llamaran de algún otro trabajo que ya había solicitado. Así es como ella me lleva a ese lugar, Mientras oraba a Dios pidiendo que se hiciera su voluntad.

Por la mañana tuve un sueño. En el sueño, vi a un joven que reconocí como el mismo espíritu que Dios me había permitido conocer en sueños anteriores cuando yo era niña para ayudarme a buscar mi propósito en esta vida. Reconocí que era el mismo joven, pero esta vez ya tenía aspecto corporal. En el sueño, Cuando estábamos frente a frente, me dijo: "Te estoy esperando, llegó el momento, prepárate".

Le pregunté que donde estaba él y me dijo: "Siempre he estado contigo".

Le volví a preguntar: "¿Me refiero si estás entre los mortales, acaso ya naciste y nos volveremos a ver como lo prometiste, ha llegado el tiempo?"

Me dijo con una gran sonrisa, "Sí".

Emocionada le pregunté: "¿Cómo nos encontraremos y si te encuentro, cómo sabré que eres tú?"

Me dijo: "Tú lo sabrás. Te estoy esperando".

Desperté con la intriga y la inquietud de que este sueño podría hacerse realidad, como los anteriores. Yo siempre creí que eran solo sueños y no sabía si de verdad ocurriría y cuando sería, no sabía si creerlo, pero me inquietó más de lo normal. ¡Pero, si este sueño se llegara a hacer real como los anteriores, significaría el momento que yo había estado esperando; el de conocer el propósito que me haría libre, por fin iba a descubrir la razón de por qué yo estaba aquí, el de haber nacido!

En la tarde, cuando la mujer me llevó a ese lugar y me presentó a Félix, las primeras palabras que salieron de su boca fueron: "Te estoy esperando". Desde ese momento, me dediqué a conocer su corazón para estar segura de que era él. También oraba al Señor para asegurarme de no estar equivocada.

Descubrí que su don era la fe en las oraciones a Dios, su gran paciencia por su intensa meditación en las situaciones, su espera, y la confianza de que si actuaba justamente, Dios le escucharía; porque yo le he visto apartarse para orar y reflexionar primero antes de actuar en las situaciones que se le presentan.

CAUSA DE MI MUERTE

Al recordar todas las situaciones desagradables que había experimentado, me causaban tristeza, pero nunca llegaron a hacerme perder la cordura. La trabajadora social, al verme de vez en cuando triste y desanimada, encontró la oportunidad de ofrecerme medicamentos para la depresión, sin advertirme de los graves efectos secundarios que esto podía causar. Con el tiempo, descubrí que hacía lo mismo con la mayoría de sus clientes. Fue entonces cuando me di cuenta de que no lo había hecho realmente para ayudarme, sino por negocios y para obtener reconocimiento.

Cuando estaba llegando a la desesperación por no encontrar una salida a este problema de las pastillas en el que me había sumergido, me lamenté profundamente por haber conocido a esa mujer. Lo más frustrante eran las amenazas que recibía de ella, incluso con la posibilidad de llevarme a juicio con la intención de quitarme a mi hijo, si dejaba de tomar el medicamento.

Durante el tiempo en que estuve tomando el medicamento, experimenté problemas de digestión lenta, acidez estomacal y un dolor intenso que me provocaba desánimo, frustración y dificultades para dormir. En ocasiones, experimentaba somnolencia excesiva, mientras que en otros días me costaba conciliar el sueño. La acidez era tan intensa que cada vez que tomaba las pastillas, me sumergía en una pesadilla de malestares que, con el tiempo, contribuyeron a mi aumento de peso considerable. Más tarde me di cuenta de que se trataba de hinchazón y retención de líquidos, lo que me llevó de pesar 115 libras a 185 libras.

Al quejarme con la trabajadora social sobre los malestares, ella afirmaba que iba a ayudarme. Me llevaba al médico, quien me recetaba más pastillas con dosis más altas que las anteriores. Estas incluían medicamentos para la depresión y refuerzos de estos, así como píldoras para dormir y otras para la digestión. En total, llegué a tomar alrededor de ocho pastillas, inicialmente dos veces al día y luego tres veces al día.

Cuando me negué a ingerir tantas pastillas, la trabajadora social me amenazó con quitarme a mi hijo y, además, con enfrentarme a un proceso de deportación si no seguía el tratamiento. Para asegurarse de que tomara las pastillas, ella misma se encargaba de visitar mi casa por las mañanas para supervisar que tomara el medicamento en su presencia.

Con el tiempo, ya no podía dejar el medicamento debido a la ansiedad excesiva e intolerable que me generaba. Al reclamarle a la trabajadora social sobre estos síntomas, le expresé mis sospechas de una posible adicción al medicamento, basándome en referencias y consejos de mis padres y maestros. Sin embargo, ella lo negó.

Los efectos de las pastillas llevaron a un sangrado nasal; inicialmente, pensé que era debido al clima frío o a las alergias, pero después de dos o tres semanas, el sangrado se volvió más continuo y doloroso.

Con el tiempo, este dolor se intensificó hasta el punto de hacerme llorar, y los malestares empezaron a limitar mi vida cotidiana. Además del sangrado nasal, también experimenté sangrado de las encías. Comencé a sentir un fluido salado que descendía desde la cabeza, recorría mi rostro y se manifestaba entre las encías. Inicialmente, era una espuma blanca, luego amarilla y, finalmente, con presencia de sangre. Con el paso de los días, la cantidad de sangrado aumentaba, acompañada de sensibilidad dental y, en ocasiones, con mucho dolor, úlceras, inflamaciones y sangrado de los labios.

En una ocasión, Félix me señaló que tenía una mancha roja en el rostro. Fui al baño, me miré en el espejo y noté una mancha que parecía ser de sangre, pero no supe de dónde provenía, así que no le di mucha importancia. Unos días después, mientras me maquillaba en mi habitación para ir al trabajo, comencé a notar lágrimas de sangre brotando. Comenté este hecho a la trabajadora social cuando vino a visitarme esa misma tarde, y en lugar de mostrar preocupación, se rio y me dijo que era algo normal causado por las pastillas.

Después de un tiempo, en otra ocasión al salir del trabajo, noté que suspiraba cada vez con más frecuencia. Empecé a experimentar dolor en el estómago, de vez en cuando muy intenso y provocándome vómitos. Además, sentía presión y dolor en el pecho, lo que desencadenaba tos cada vez más frecuente e intensa. Fue entonces cuando me di cuenta de que estos problemas de salud eran consecuencia del medicamento que la trabajadora social me había proporcionado, haciéndome creer que era necesario. Me aseguraba que el medicamento me ayudaría y que muchos llevaban tratamientos similares en este país sin ningún problema. En ese tiempo estaba yo muy joven, recién había cumplido los 21 años, y desconocía las cosas que ella sería capaz de hacer por orgullo, ya que en realidad no la conocía completamente.

Una hemorragia: El jueves era principio de mes y no era la fecha de mi menstruación y aun así me surgió sangrado. Se lo comenté a la trabajadora social y me aseguró que era normal debido al medicamento, que causaba irregularidades en la menstruación, algo que experimentaban muchas de sus clientas, y que no debía preocuparme. A pesar de sus palabras, mi inquietud aumentó, ya que me puse pálida físicamente y experimenté mareos, náuseas y debilidad. Mi preocupación se intensificó al notar que el flujo no era común, parecía ser sangre pura como si brotara de una vena rota, lo cual deduje por su color claro y brillante, sin el olor habitual de la menstruación. Nunca antes había experimentado algo similar y desconocía las posibles consecuencias. Por esta razón, decidí consultar a un médico el lunes por la mañana. Sorprendentemente, el domingo al mediodía, la hemorragia cesó, pero los mareos, las náuseas y la debilidad persistieron. Lo más extraño fue que la palidez de mi rostro continuaba. Traté de no alarmarme, pensando que me recuperaría y que solo necesitaba mejorar mi alimentación.

Ese domingo en la mañana antes de levantarme había tenido un sueño extraño: Entré en el sueño y instantáneamente me vi vestida de novia. Había mucha gente a mi alrededor ocupada preparando arreglos florales y mesas, y una mujer arreglaba mi vestido de novia. Se aseguraban de que todo estuviera limpio y en orden, pero todos eran desconocidos para mí. Pero en el sueño, sentía nerviosismo y emoción. Todos mis sentidos estaban enfocados en las emociones, y casi podía pensar que era real. Busqué a mi alrededor para ver si veía a algún familiar, pero no había ninguno. Le pregunté a la mujer que estaba arreglando mi vestido para la boda: "¿Dónde están mis padres y mis hermanos? ¿Por qué no los veo?" Ella respondió: "No te preocupes, tal vez no tardan en llegar o posiblemente ya están en la capilla. Mejor concéntrate, llevamos veinte minutos de retraso."¡(Sorprendentemente, Esa actitud y la forma en que actuaba la reconocí; era la misma que tenía la trabajadora social)! En poco tiempo, ya estaba lista y caminábamos al otro lado de la calle. Entré a la capilla y detrás de mí estaban los invitados, mientras que frente al altar se encontraba el novio. A medida que me acercaba, él se giraba hacia mí y, mirándome, me decía: "¡Llegas veinte minutos tarde!"

Poco a poco iba despertando, llevando en mi memoria la imagen del rostro del novio. No era alguien que conociera en la realidad, pero fue un sueño extraño y fuera de lo común debido a las emociones tan intensas que experimenté. Además, alrededor mío no había una sola persona que conociera en la realidad; solo reconocía la actitud de esa mujer, y al identificarla, me provocó temor.

Ese domingo, mientras estaba en el trabajo, empecé a sentirme preocupada por algunos síntomas. Experimenté una sensación de ahogo, como si mi organismo no estuviera recibiendo oxígeno. Por un momento, salí afuera a pesar del frío causado por la nieve. Fue entonces cuando me di cuenta de que no tenía ninguna percepción del frío, lo cual me asustó hasta el punto de llorar. Oré y le pedí a Dios que me permitiera percibir aunque fuera un poco de brisa fresca en mi rostro. Fue entonces cuando tomé unas hojas de pino verde de la jardinera de la casa vecina, las troceé con las uñas e intenté aspirar su aroma, aunque me resultó difícil. Llorando, supliqué a Dios y, en ese mismo instante, una sensación de calma me invadió. Creí que la razón de esta tranquilidad fue mi oración, lo que nuevamente me hizo llorar, pero esta vez de alegría, ya que comencé a sentir el aire fresco y el aroma de esas hojas de pino, una experiencia que nunca olvidaré. Feliz y agradecida a Dios en mi corazón, regresé al trabajo.

Más tarde, empecé a sentir ansiedad y asumí que se debía a que se me había pasado la hora del medicamento. Al tomarlo, me tranquilicé. Sin embargo, unas horas después, la ansiedad regresó con más intensidad, resultando insoportable. Venía acompañada de dolor en el estómago, presión en las piernas, dolor de cabeza y escalofríos en todo el cuerpo. Me dirigí al baño, donde lloré y grité de dolor. Después de unos minutos, el dolor disminuyó hasta desaparecer. Dado que me encontraba en un lugar público, tuve que lavarme y maquillarme la cara de nuevo. Creo que nadie escuchó mis gritos debido al ruido de la música, así que salí para continuar con mi trabajo.

Dos horas después, experimenté la misma ansiedad involuntaria e insoportable, incluso antes del momento programado para tomar el medicamento. Para aliviarla, decidí tomar dos pastillas adicionales. Una hora más tarde, el dolor regresó, pero esta vez era la hora programada para tomar el medicamento regular, así que lo tomé. Esa noche, ingerí mucho más medicamento del recetado por el doctor. No fui al hospital porque pensé que nadie creería lo mal que me sentía, ya que por momentos me estabilizaba de manera aparentemente normal.

Uno de los clientes habituales llegó al lugar, me saludó y me preguntó por el bienestar de mi familia. No pude soportar el sentimiento de recordarlos y me desbordé llorando. Pedí disculpas y me alejé. Intenté varias veces tranquilizarme, pero algo extraño sucedió: las lágrimas de mis ojos continuaron brotando sin control. Al mirar el reloj, noté que era hora de cerrar el lugar e irnos a casa, lo cual me animó un poco. Pensé que al día siguiente estaría mejor, o si persistía el malestar, consideraría ir al hospital, ya que estaría fuera de la responsabilidad y el horario laboral.

En el camino hacia casa, me sentía emocionalmente sensible, y algunas lágrimas seguían cayendo por mi rostro. Al llegar a casa, me disculpé y empecé a subir a mi vivienda. Como siempre, Félix esperaba hasta que viera la luz encenderse por la ventana de mi habitación y le avisara que todo estaba bien. Esta vez, iba a optar por no encenderlas debido a que la iluminación de los escalones comenzó a herirme la vista, pensando que era producto del cansancio. Desde que comencé a subir los escalones, mis piernas se doblaban. Al ascender, experimenté mareos, hormigueos en las piernas y percibí claramente que mis cuerdas nerviosas en las manos se movían de su sitio. De repente, sentí que mi espíritu se desprendió hasta el nivel de las rodillas, vi como si estuviera soñando despierta. ¡Yo no podía creerlo, seguía de pie y observando todo eso!

En ese instante, revisé el pulso de mis pies, y había avanzado hasta las rodillas, y el de mis manos hasta los codos. Sentía presión en el pecho y un impulso incontrolable y muy fuerte de suspirar en la boca, al cual intentaba resistir con todas mis fuerzas. Nunca antes había experimentado algo tan extraño y exagerado, y algo me hizo entender que en ese suspirar se iría mi vida, lo que me provocó un gran temor. Di un grito, grité más y más, necesitaba ayuda. Al intentar bajar por los escalones, mis piernas se doblaban y mi vista se acortaba.

Todos en la casa escucharon que yo pedía ayuda, lo sé porque los escuchaba hablar dentro de sus habitaciones pero no salieron. Le grité a Félix que me ayudara porque me sentía mal y extraña, pero él simplemente me dijo que volviera a mi habitación. Me miraba extrañamente, tal vez pensando que había tomado licor en el trabajo o que estaba haciendo un escándalo para llamar la atención. Estaba haciendo sus propias conclusiones mientras yo tenía menos minutos de vida.

Decidí no esperar a que me creyeran y comencé a caminar hacia el hospital, ya que vivía cerca. Cuando crucé la calle, sentí que mi espíritu avanzaba hasta el estómago, mis piernas se doblaron y caí. Comencé a orarle a Dios, pidiéndole como último deseo de dignidad que me permitiera llegar al hospital para morir. Recobré un poco de fuerza y antes de que se me fuera la vida, corrí para tratar de llegar a tiempo. Al pasar un puente que estaba a tres o cuatro calles del hospital, mi espíritu volvió a subir hasta el estómago, y volví a caer de rodillas. Recuerdo que esta vez caí de repente y el golpe en la rodilla fue más fuerte, pero ya no sentía nada en las piernas, ningún dolor, lo que me asustó aún más.

Volví a suplicar a Dios para que me permitiera cumplir mi última voluntad, pero mi vista se volvía más limitada y me costaba respirar cada vez más. Escuché que alguien gritaba mi nombre, pero sonaba como si estuviera muy lejos. Luego, lo escuché un poco más fuerte, como si se acercara, pero por más que me esforzaba, no conseguía percibir mi entorno. En ese momento, clamé nuevamente a Dios, y mi percepción regresó. Vi a Félix a mi lado con la puerta de su camioneta abierta, gritando mi nombre para que entrara.

Cuando pude verlo y responderle, me alegró mucho, pero no quería comprometerlo y me negué a que me llevara. Sin embargo, él insistió. Le dije que se fuera a su casa y que se olvidara de mí. Fue entonces cuando me dijo que subiera a la camioneta, ya que se había dado cuenta de que no estaba jugando y que me llevaría al hospital. Si después yo quería, él se iría a su casa, sabiendo que alguien me atendería en el hospital. En ese momento, noté que se había percatado de la gravedad de la situación, así que subí a la camioneta.

Avanzamos un par de calles y llegamos al hospital de Robert Wood Johnson. Aunque para mí esa distancia fue eterna, ya que también comencé a darme cuenta de que alguien venía persiguiéndome, y esa presencia me infundía miedo, acercándose cada vez más. Por momentos, notaba una sombra negra moviéndose de un lado a otro, y podía sentir que se dirigía hacia mí.

A poca distancia de la entrada del hospital, nuevamente mi vista se oscureció. No podía ver nada y mi respiración se acortaba, haciéndose cada vez más difícil. Como no veía nada y tampoco podía caminar, le pedí a Félix que me guiara hacia la entrada del hospital para que solicitara ayuda. Durante esos momentos, sentía que un temor invadía mi ser.

Cuando recuperé la vista, ya estaba entrando al hospital y pedí ayuda, pero nadie me creía que me estaba muriendo. Me pidieron que me sentara en la banca y esperara. Aunque me senté, no pude esperar porque sabía que me quedaban pocos minutos de vida; era consciente porque solo notaba una pizca de vida en mí que iba disminuyendo. Nuevamente se oscureció mi vista, desapareció el pulso de mis brazos y piernas, mis nervios se retorcían provocándome mucho dolor, y comencé a agonizar. Le pedí a Félix que interviniera y logró que algunos médicos se acercaran, aunque solo los notaba y escuchaba por instantes. En ese momento, un joven se aproximó con una silla de ruedas y me preguntó si la necesitaba. Me senté en la silla porque ya no podía mantenerme de pie debido al intenso dolor en mi estómago, que empezó a endurecerse y mis entrañas a debilitarse. Mi pulso se acortaba y cambiaba constantemente, volviéndose lento y luego rápido, intentando estabilizarse, lo que me provocaba sensación de ahogo. Con gran dificultad, trataba de explicarles lo mal que me sentía.

Me llevaron a una sección donde me hicieron subir a una camilla, mientras la dificultad para escuchar y ver continuaba por instantes. Me exigieron que cambiara mi ropa por la bata proporcionada por el hospital. Dado que me resultaba difícil cambiar y el dolor me incapacitaba, una de las enfermeras me llevó al baño para ayudarme. Mientras me ayudaba, me preguntaba con gesto dudoso por qué actuaba de esa manera. Me cuestionó si había tomado alcohol o si quería llamar la atención. Difícilmente le dije que estaba muriendo, pero ella insistía en que yo estaba fingiendo. Me limité a decirle que ella debería saber mejor que yo, ya que no se daba cuenta. Con un tono más tranquilo, me preguntó qué sentía o veía para afirmar que estaba muriendo. Le dije que estaba convulsionando y sentía mi espíritu tratando de salir de mi cuerpo. Ella afirmó que no tenemos espíritu, que simplemente morimos y todo se apaga, como si estuviéramos durmiendo pero sin soñar.

Me enfadé y le pregunté: "¿Cuántas veces usted ha muerto?"

Contestó: "¡Ninguna, no estuviera presente!"

Lo dijo un poco molesta, iba a tratar de explicarme más, pero la interrumpí y le dije que no tenía tiempo porque me sentía gravemente mal. Le pedí ayuda porque el dolor regresó y aumentaba cada vez más. Con dificultad le dije que ella tampoco ha estado a punto de morir y tampoco conocía el dolor que yo padezco.

Ella insistió: "No tenemos espíritu. Somos iguales que los animales". Al escuchar esto, le respondí: "Seguro que tiene hijos, entonces, ¿para qué los tenemos, para que vivan como animales?"

En ese momento, ya me subían de nuevo a la camilla. Parecía que se molestó conmigo porque, en la poca percepción que conservaba, escuchaba decir a otros que yo estaba volviéndome loca.

LINEA DE LA MUERTE

*P*ara este tiempo, ya perdía el conocimiento debido a la intensidad del dolor y la agonía. Lo último que pude distinguir fue cuando los médicos colocaban instrumentos en mi cuerpo para medir mi pulso, y al percatarse de que disminuía, le preguntaban con gestos confusos a Félix si sabía lo que me pasaba. No podía soportar más el dolor, mi vista comenzaba nuevamente a disminuir, y me resultaba inevitable dejar de gritar. Intentaron aplicarme suero en las manos y en los pies, pero mis venas no se distinguían, y también debido a las fuertes convulsiones de mi cuerpo, no lo lograban, hasta después de varios intentos. El dolor era ya tan intenso y exagerado que sentía mis nervios desgarrarse, perdiendo el control de mis movimientos.

¡De repente, una sombra fría y oscura se acercó a mí y se posó sobre mi cuerpo! ¡Para mi terror, se secaron mis huesos y mi lengua se pegó al paladar! ¡El sufrimiento era tan grande que mi cuerpo ya cansado solo temblaba de temor y de un inmenso e insoportable dolor que ya no lograba gritar!

¡En mi interior, yo trataba de defenderme de la sombra negra, pero su rostro estaba ya frente a mí! ¡Me cubrió con su manto negro "que es el abismo de tinieblas" y mi ser atravesó un hilo que sonaba tan ensordecedor que hirió mi sien! ¡Se escuchaba como una cuerda de plata muy fina pero intensa y aguda, era como lo que dividía la vida y la muerte! ¡En ese instante, comenzó a iniciarse mi trabajo retrospectivo! ¡Mi memoria se abrió, y empecé a ver toda mi vida con imágenes y con todos detalles, incluso también todo lo que escuché y hablé! ¡Mi memoria recogió todas las alegrías, tristezas, dolores físicos y morales, caricias, cariños, odios, en sí todo, y mi espíritu era consciente de todo esto! ¡Experimentaba una gran alegría por las cosas buenas que hice, pero un dolor intenso por mis faltas. Desde mi concepción, supe que estaba solo de paso en este mundo. Vi en mi trabajo retrospectivo que cuando era niña, la sombra negra trató de que me diera cuenta de su existencia mediante manifestaciones, como presenciar la muerte de otras personas, en la existencia del dolor corporal y moral, y en la realidad de la muerte, de que si existe y es real, pero no lo comprendí completamente.

Mientras me llevaba viajando por las tinieblas, sentí el mismo dolor que provoca la muerte, el mismo dolor que han experimentado todos los que ya habían muerto y experimentará también el resto de la humanidad. También durante mi viaje, sentía el dolor de los que no nacieron; los escuchaba gritar y clamar a Dios por justicia. A muchos de ellos ni siquiera se les habían formado sus cuerpos, pero sus espíritus completos ya dormían en las entrañas de sus madres, esperando el momento para poder amar a los seres que les habían otorgado su sangre para que ellos puedan conocer las creaciones de su Señor, Dios. Con gran tristeza, comprendí que abortar no solo era del cuerpo, sino que significaba expulsar un alma con el mismo derecho que tenemos nosotros: el derecho a la vida. Mi tormento y mi tristeza empezaron; lo que yo comencé a experimentar no se puede describir, pero apenas comenzaba.

Cuando estuve del otro lado, la sombra negra me habló con un tono reclamante: "Llámame padre, porque yo te he engendrado."

¡Llena de terror, no supe quién me hablaba, pero repitió sus palabras, y me negué diciéndole que yo conocía a mi padre!

Me dijo: "Yo soy tu padre desde el principio".

¡Me dejó ver desde el espíritu de mi padre corporal hasta el primer espíritu que él había engendrado con su esencia oscura, y cómo él había estado en mí ser en espíritu y sangre por generaciones! ¡Me llevó por el tiempo a una velocidad increíble e insoportable, retrocediendo hasta la primera mujer! Yo no vi su rostro, solo veía su interior como si yo ocupara su cuerpo; ella sabía que no estaba sola y pensaba en el hombre que le habían dado por esposo, pero ese otro hombre que estaba frente a ella le parecía atrayente, casi hipnótico. Él le hablaba, le decía que se dejara llevar por lo que sentía y que nadie se enteraría. Él la tocaba y ella se volvía inconsciente, la llenaba de caricias y cometían acto sexual. Al momento que ella abría los ojos, pensaba: "¡No es verdad que moriré, no estoy muerta, nada me ha pasado!" ¡De repente, le invadió la turbación, la cual percibió en forma de un mareo!

Pude ver que parte de ese hombre se había incorporado en ella, pero ella no lo comprendió; era una mancha oscura como una especie de sombra perdurable. ¡Este hombre tenía procedencia eterna, provenía de Dios, porque todo es hecho por Dios, pero este hombre no actuaba para Dios; tenía algo que lo hacía diferente, era ese espíritu oscuro y sus actos eran contra Dios! Después me regresó a mi ser.

Durante el viaje vi a toda la humanidad manchada con esta sombra que corroía a los espíritus blancos. Era como espíritu vivo diferente al de Dios, todo lo contrario a Dios, en su actuar. Dios la había apartado porque la aborrecía, pero ahora existe y se sostiene por medio de nosotros hasta el último ser, invadiendo lo que es de Dios, y Dios siempre defendía lo que desde el principio le pertenece.

También en ese momento realmente comprendí a lo que llaman "El Pecado Original". Mi dolor moral se multiplicaba otra vez porque no podía creer que esa era la realidad; que después de terminar esta vida iríamos a otro lugar y no en la realidad que yo había vivido. Durante mi vida, algunas veces dudé y creí que esto había sido solo un mito, algo para controlar a la humanidad, un cuento para que las personas se portaran bien y para controlar el crimen. ¡Solo ahí supe la realidad, sobrepasó toda ficción!

¡Ya era tarde para mí, esto era real! Ahí entendí el propósito de ese hombre que es llamado Jesús, que en realidad sí es el hijo de Dios y cuál había sido su sacrificio. De verdad tuvo que entregarse puro en cuerpo, sangré y espíritu para que su sacrificio haya sido válido. Con este sacrificio pagó, compró nuestras almas y las llenó del resplandor por medio de la función del espíritu santo para llevarlas de regreso a Dios.

Recordé también, que cuando yo estaba bien de salud y con vida, comenzaba a creer que no había otra vida, que solo había sido invento de alguien. ¡Me arrepentí y suplicaba perdón, mientras que la muerte, en espíritu negro como en figura de hombre, me llevaba al centro del abismo, que es el lugar de la muerte! ¡Según avanzábamos, descendíamos al lugar de muerte, y sentía más intensamente cómo un fuego ardiente envolvía mi espíritu! ¡Experimentaba una sed insoportable; era la sed por la compasión de Dios, ahí la comprendí! ¡Una sed que no se sacia con nada del mundo, la cual provoca una ansiedad que proviene del pecado y del fuego de las pasiones que se siente cuando la furia y el odio vencen, concluyéndose en la confrontación! ¡El mismo fuego de pasión que se enciende en el acto del sexo, también el que se siente en el placer y satisfacción de causarle mal a alguien! ¡En esa condición, las pasiones desordenadas duelen, brotan en ardor, queman y atormentan, envuelven el alma como en el ardor físico multiplicado en dolor moral, pero el ardor no consume, no desvanece el alma, ahí todo es eterno! ¡También el dolor del desconsuelo y angustia de que nunca más se volverá a ver la luz que representa a Dios y de perder su presencia para siempre! ¡Se es totalmente consciente de todo esto, de haberlos cometido y de ser merecedor de tal castigo!

Mis faltas estaban en mí como si las estuviera cometiendo todas juntas y así todas las padecía al mismo tiempo. Mi boca se secaba y me dolía mucho por envilecerla y por las malas palabras que en vida dije. En mis pies sentía como si tuviera muchos insectos moviéndose y trepando mis piernas, pero cuando busqué no vi ningunos, solo era una sensación para tormento por haberme faltado el dominio del cuerpo; por deshonrarlo. En sí cada miembro de mi cuerpo sufría con intensidad según las faltas. En mis ojos habían quedado grabadas las imágenes de mala intensión. Mis oídos padecían zumbidos como maquinas estrepitosas y también, espaciosamente, una resonancia aguda por haber escuchado todo, menos los de Dios; todo esto era para mi tortura, que me provocaba clamar el arrepentimiento.

Mi cuerpo espiritual estaba corroído con tinieblas negras hasta el pecho. Me hallaba desnuda y avergonzada, no solo era por mí espíritu, sino también porque todas mis faltas quedaban al descubierto, haciendo que mi dolor moral resultara insoportable. La forma de mi cuerpo espiritual se asemejaba a la de mi cuerpo físico, pero sin exageraciones físicas.

Comprendí que no era suficiente poseer los sacramentos; su verdadero valor reside en llevarlos a cabo, defenderlos y vivir de acuerdo con ellos, manteniendo la fidelidad. Los sacramentos nos guían para convertirnos en hijos de Dios, actuando como tales, trabajando hacia la santidad y declarando a Dios en todo momento.

¡Solo había pasado un instante y ya no podía soportarlo! ¡Había una peste insoportable, penetrante e hiriente que me rodeaba! ¡Al principio, no sabía que era; parecía como estar sumido en amoniaco! ¡Me di cuenta de que este lugar era la muerte y yo estaba aquí porque la había cometido! ¡La muerte es el pecado de toda clase de impureza, cada pecado se distinguía por su olor que era podredumbre como llagas con pus pudriéndose y de la hediondez de la impureza sexual, era simplemente insoportable! ¡También olía a carne humana en descomposición, a enfermedad! ¡Ahí todo era al extremo, asfixiante e insoportable!

Cada esencia espiritual de aquellos que aún estaban vivos en la tierra estaba fuertemente presente en esta dimensión, contaminado con sus propios pecados. La esencia del pecado de los espíritus terrenales se extendía hasta la dimensión de la muerte, llevando consigo una esencia inexplicable. ¡Sus pecados eran lo que los distinguían individualmente, estaban marcados en sus espíritus! En sí, el pecado es la muerte. (Creo que esta marca fue la que llevó Caín por su pecado; primero del odio y después de llevarlo a cabo en el asesinato). El tormento se intensificó cuando me di cuenta de que ya no podía hacer nada para advertir a las personas, para hacerles saber que sí tenían esperanza, porque en el lugar en el que me encontraba entendí que ya no había salida.

¡De repente, un temor se apodero de todo mi ser, pero este temor provenía de fuera de mí! ¡Se semejaba a estar mirando caer un gran meteorito sobre la tierra y estar consciente de la destrucción de todo y para todos! ¡Este temor se sumaba al que ya sentía al ver y experimentar la muerte! ¡De entre las sombras, a unos tres metros de distancias, emergió un gran demonio, y mi ser entero se estremeció! ¡Lo reconocí; era el mismo que, unas tres semanas antes, me había dicho que yo moriría! ¡El susto fue tan intenso que quise escapar, pero mi ser al mismo tiempo se inmovilizó por el gran temor de verlo y traté de cubrirme el rostro para evitar mirarlo! En ese momento, recordé también que estos seres eran reales, tal como la Santa Biblia los había descrito, aunque yo no lo creía. Lamenté no haber creído, al menos por temor a ellos, ya que eso habría evitado que cometiera pecados.

Entonces, mi mente se volvió hacia el mundo, hacia aquellos que en ese instante estaban ignorantes de la verdad. Porque así como yo atravesaba por esta experiencia, otros también lo harían y verían lo mismo, según su condición espiritual. Me cuestionaba a mí misma: "¿Soy acaso preferida, o es una injusticia que yo tenga un espíritu?"

¡El demonio me interrumpió con gran molestia, comenzando a emitir un grito agudo, penetrante y hiriente! Comenzaba como rugido entre ladrido y chillido extenso, potente, casi similar al sonido de una rata (una mezcla bestial incomprensible) que hacía sentir que mi ser como si iba a estallar. ¡Era algo insoportable que resonaba por todas partes, ya fuera lejos o cerca, porque en este lugar no existía el tiempo! ¡Me sentí vencida y pensaba que se abalanzaría sobre mí o que tal vez me arrastraría hasta algún lugar de fuego! Hasta ese momento, no había visto fuego ardiendo, o no sabía si realmente existía, y pensé que él me llevaría hasta ese lugar.

Me di cuenta de que él se mantenía en su lugar, pero en su rostro había alegría y desesperación, como si quisiera atormentarme aún más. Sin embargo, algo lo hacía detenerse. Él miró hacia arriba, y yo seguí su mirada. ¡De repente, se comenzó a notar una pequeña luz que resplandecía mil veces más que la luz del día, lanzando su destello directamente hacia mí! ¡Sentí un temor absoluto, pero era un temor diferente, la otra cara del temor; la de una sensación insoportable e inevitable de respecto y a un grado estremecedor! Vi que el demonio chilló y se alejó un poco más, mostrando reverencia al bajar la cabeza. ¡Me impresioné extraordinariamente! Comprendí que el de la luz era Dios, el Padre todopoderoso, el creador del cielo, la tierra y el universo que permanecía intacto en la muerte como en la vida, sin importar cuán grande fuera su creación. Intacto en su trono. ¡Yo me estremecía de su gran poder!

Avergonzada, bajé la cabeza y pensé en mi interior: "Señor, no soy digna de tu presencia, pero ya no soporto estar aquí".

Entonces, el demonio gritó, pero sin mover los labios; solo con su impulso se escuchó: "¡Me pertenece!"

En mi conciencia, pensé: "¡No, señor, no!"

Él insistió: "Ella me cometió y tiene que pagarme lo que de mí recibió".

En mi defensa agregué, decidida porque si en algo me cuidé fue de no aceptar las ofertas del demonio tanto como pude, le reproché: "¡No, no te debo nada, nunca te pedí nada!"

Me llevó en espíritu a un tiempo pasado cuando estaba en una situación económica favorable, donde incluso me ofrecían regalos y buenas propinas. Me dijo: "Fui yo quien te los dio. Por mí, tuviste todo lo que quisiste. Eso me debes, ahora debes pagar".

Le respondí: "Ya pagué con mi trabajo. Nunca hice tratos ni pactos contigo, y si disté, fue porque quisiste. Ahora reconozco que tu trabajo es tentar a los humanos para despertar sus ambiciones, pero lo que recibí no fue con la intención de servirte". Al escuchar esto, se llenó de furia porque no pudo hacer nada.

Aunque experimentaba emociones combinadas después de lo que había presenciado, sentía rabia hacia mí misma por no haber sido más fuerte contra las tentaciones y una profunda tristeza por los inocentes del mundo corporal que ahora se divertían mareados de turbaciones en los placeres efímeros. Ahora comprendía el significado de la perdición en un sentido espiritual; quería decir estar "hipnotizado, sin saber lo que se hace, inconsciente".

Aterrada por la burla evidente en los gestos del demonio, quien conocía el sufrimiento por el cual estaba atravesando, sentía algo tan insoportable que deseaba morir de nuevo solo para no tener que presenciarlo. Me sentía sofocada hasta el punto de desmayarme por su peste.

¡De repente, se abrió una grieta en el abismo, desde donde emergía una llama! La grieta se ensanchaba, y pude ver una llamarada de la cual provenían lamentos ensordecedores de sufrimiento y horror que herían mi ser. Estas llamas eran espíritus ardientes en sus pecados, moviéndose de un lugar a otro. Cuando se acercaban demasiado entre sí, su fuego se intensificaba y sus lamentos de sufrimiento alcanzaban niveles extremos. En el punto en que creía no poder soportar más, apareció otra entidad demoníaca, con la apariencia de un hombre perro que tenía orejas largas, finas y puntiagudas hacia arriba. Su piel era seca y muy flexible, y sus ojos brillaban con desprecio y maldad. Con sus garras, trepaba rápidamente por la grieta del abismo con una sorprendente velocidad, agilidad y flexibilidad en todo su cuerpo. Una vez que el demonio emergió por completo, la grieta se cerró de nuevo; fue algo impresionante. Me di cuenta de que estos seres podían ascender desde el infierno hasta la muerte para atormentar a los recién llegado.

Caí en desesperación y clamé a Dios. En ese momento, podía ver a través de la luz, como si fuera una ventana a la dimensión de Dios. Observé a los santos que estaban alrededor del trono del

Señor, a una distancia apenas perceptible. Se presentaban como formas humanas, pero eran espíritus envueltos en la luz divina, aunque la mayor concentración de luz emanaba de Dios, abarcándolo todo. Los santos se movían y conversaban entre ellos, mostrando una paz que irradiaba amor y armonía. Aunque estaban distantes y su descripción resulta imposible, yo lo comprendía por qué el destello que me alcanzaba me sanaba; sentía un deseo infinito de estar entre ellos, y a la misma vez, tristeza porque mis faltas me lo impedían.

Clamé al Señor: "Señor, por ofender Tu pureza, merezco todo este castigo. Me pesa como la eternidad haberte ofendido, porque grande es Tu poder para salvarme o castigarme. Lamento haber dudado de Ti en vida y haberles creído a los humanos que Tú no existías, pero ahora ya es tarde. ¡Señor, sí lo merezco, pero no quiero ir! Señor, yo no Te conocía, ¡perdóname!"

La luz de Dios parecía tan distante, pero era insoportable, temible y más deseable que el agua, dada la sed insoportable que la muerte me causaba.

Dios me dijo: "No digas que no me conocías".

En ese momento, me muestra el cariño y la pureza de mi madre, así como su anhelo por lo correcto en su espíritu, y como estaba sembrado en ella desde generaciones para que también yo la recibiera.

Luego afirmó: "Soy yo quien da la vida y la vida en ellos. Los seres humanos viven por el amor que hay en ellos, y yo soy amor".

En mi defensa, añadí: "Sí, Señor, ahora sé que sí, pero ya es tarde. ¿Señor, de dónde habría tomado ejemplos para seguirte a Ti? No hubo una sola persona cerca de mí que me hiciera entender verdaderamente quién eres Tú".

También recordé que cuando era niña, escuché decir que lo que les pidieras a los santos en oraciones te lo concedían, y en ese momento, tenía a todos los santos a mi disposición. Me dirigí a ellos diciendo: "Ustedes que están con el Señor y por la compasión que sienten hacia los que no conocen a Dios, les ruego, intercedan por mí. No permitan que, debido a mi ignorancia, me pierda. ¡Tengan piedad! Ya no soporto estar aquí. ¡No quiero estar más aquí!"

Resaltó una voz de mujer con presencia y esencia maternal que respondió: "Nosotros no podemos hacer ya nada por ti".

Un varón, con la presencia de su ser, contestó: "Yo dejé muchos ejemplos y muchos libros".

Otro dijo: "Dejé ejemplos en la familia que Dios me concedió. Nosotros no tenemos ningún poder para salvarte o condenarte; ya hicimos lo que teníamos que hacer, por eso estamos aquí".

Comprendí que todo era verdad, y en ese momento, no tuve más que decir. Comencé a clamar por todos los que aún no habían muerto, ya que yo estaba a punto de ser sentenciada y a Dios le tocaba decidir. Me dirigí a Dios clamando: "¡Señor, señor!"

Él me respondió: "Sabes que no todo el que dice 'señor, señor' puede entrar al reino celestial, porque aquí no hay lugar para la impureza".

Con gran tristeza, entendí aún más su infinito amor por mí y por cada ser humano, sin excepción. Éramos originados primero de Él, del espíritu, y luego de la carne. Comprendí que me amaba, pero no a la impureza que residía en mí, y Él es justo; justo era mi castigo.

Mientras me mostraba imágenes de la santidad de mis abuelos y de otras personas que siguieron y obedecieron lo bueno que había en sus corazones, yo seguía clamando: "¡Señor, señor!" en un sentido de súplica. Sentía vergüenza de estar ante la presencia de Dios y de los suyos, lo puro y celestial. Mi humillación aumentaba al darme cuenta de que muchos más estarían en la misma situación, y yo no podría hacer nada por ellos. La oportunidad se había terminado para mí; mi vida fue inútil, al igual que mi muerte.

Comencé a pedir perdón al mundo entero. A mi madre, por el dolor que padeció al darme a luz y por haber entregado su vida y juventud para proporcionarme una educación en la moralidad. A mi padre, por su gran esmero y amor que fueron desperdiciados en mí. También pedí perdón por si alguna vez, con mi actitud ciega y carente del amor de Dios, di un mal ejemplo. Le rogué al Señor que me lo cargara todo a mí.

Dios me preguntó: "¿Y qué dices de estos?" Me presentó el espíritu de todas las personas con las que tuve enfrentamientos durante los últimos años antes de mi muerte.

En ese momento, sintiendo el tormento de estar ahí, clamé a Dios diciendo: "Señor, no tomes en cuenta sus actos. No les cuentes por pecado sus acciones, al menos los que fueron contra mí. Mejor mándales el entendimiento de Ti, que ellos te conozcan. ¡Señor, Tú que todo lo puedes, envía a alguien que les haga entender y se salven, por lo menos ellos, que no se condenen por mí! ¡Y si de algo sirve, yo les perdono!"

Arrepentida de mi cobardía por no haber resistido al mal con todas mis fuerzas, me dirigí a Dios: "¡Señor, caí en los vicios de impurezas, pero yo no Te conocía. Perdóname, yo Te amo!"

Él contestó: "Mira cómo tú me amaste". Me mostró imágenes de cómo, durante la ceremonia de la misa, yo le alababa, pero al salir, bastaba con recordar a aquellos que habían tenido diferencias conmigo para llenarme nuevamente de rencores y resentimientos. No consideraba el perdón, y la presencia de Dios salía de mí.

Él agregó: "Yo no podía soportar ni habitar en un corazón así".

No pude negarlo ante Dios; Él me mostraba la verdad con todos detalles.

El demonio, al ver cómo se agotaban mis posibilidades, saltaba de un lado a otro de alegría, ansioso de que Dios me entregara en su poder.

Desesperada, le dije a Dios: "¡Es verdad pero, no permitas que este demonio se me siga acercando más! ¡También fui buena y desde niña te amaba mucho! Cuando hablábamos, Te pedí que nunca me abandonaras. Me hubieras quitado la vida antes de que yo me condenara; cuando era niña o antes de nacer. ¿Por qué permitiste que cayera en el error? ¿Dónde estabas Tú y tus Ángeles para rescatarme? ¿Acaso deseas mi condena y la de los demás, o solo salvas a quien Tú amas y a quien Tú quieres?"

Entonces, Dios me llevó en un viaje al pasado. En el principio, conocí el misterio de todos los corazones buenos y malos y por qué se salvaron y se condenaron. Descubrí que la verdad había sido oculta a la humanidad por conveniencia y por temor; creían conveniente solo guiarlos en lo necesario para la santidad. Vi a espíritus que entraban a la muerte y salían llevándose la sabiduría (el conocimiento del bien y del mal) y trataban de dar testimonio de lo que habían visto. También vi a otros que practicaban entrar en la línea entre la vida y la muerte, purificándose previamente para no morir, una práctica realizada por hombres santos desde tiempos muy antiguos. Vi a los indignos que tocaban la línea de la muerte, que eran aquellos que usan drogas, y como al encontrarse en el estado de droga, entraban y tenían comunión con los demonios. Ya que al entrar llevaban la esencia de la impureza. La esencia carnal de estos individuos era aborrecida por los demonios por invadir su territorio y, sobre todo, eran reconocidos y reclamados desde ese momento; sus días estaban ya contados. Era difícil que personas en esta condición escaparan porque la esencia de sus espíritus estaba como incienso ante los demonios; esta impureza deleitaba a los demonios, como un ofrecimiento total desde ese momento. Todo espíritu de benevolencia que los protegía y toda gracia santificante se alejaban. Quedaban solos en el mundo con turbación, contribuyendo al imperio del mal y para el mal. Después eran entregados a cometer torpezas de todas clases, perdiéndose en la impureza al grado de buscarla con desesperación y como último fin, eran concedidos a los demonios. Si no conseguían alcanzar la reconciliación en la misericordia de Dios a través de Jesús y su constitución de orden sacramental en su Iglesia, entonces todos los actos impuros eran marcados por los demonios con la indignación para que no se acercaran a la Santa Iglesia y buscaran la salvación. Así, los demonios los orillaban a la condena. La indignación era la causa del temor de presentarse ante Dios, por su mancha, que es el pecado. Vi como los demonios cambiaban el amor de Dios, que era piedad y valor para servir a Dios, por una dignidad incorrecta, una dignidad vacía y sin sentido que es el orgullo, la soberbia, la altanería y la agresión.

Entonces le pregunté a Dios: "Señor, ¿en qué momento manché mi corazón que no me di cuenta? ¿Cuándo merecí Tu desprecio, que no lo percibí? ¿Si tan solo hubiera recibido una señal?"

Él me lleva de regreso a mi adolescencia, cuando no comprendía totalmente el evangelio. Me llevó al momento en que mi corazón no soportó la humillación y, mientras pasaba por la desesperación, caí en el odio. En ese momento, escuché mi pensamiento como si fuera en alta voz, tal y como Él lo escucha desde su trono. Impulsada por la furia, hice un juramento que se grabó en todo mi ser debido a la intensidad con la que lo deseaba. En ese momento, su luz protectora se alejó de mí a causa de mi odio, ya que Él no habita en aquellos que odian; el odio no es de Él. Entendí que con mi actitud alejaba su presencia cada vez más.

No tuve más que decir. Comprendí que hasta ese momento no había vivido por tener salud física o juventud; durante todo ese tiempo, viví gracias a la misericordia de Dios, porque Él me tenía una hora establecida para yo ir a rendirle cuentas. También entendí que nadie tiene el derecho de despreciar un alma, ya que nadie es dueño del alma que posee. Es una ofensa grave a Dios despreciar el espíritu, cometiendo suicidio. En este caso, los padres corporales son responsables de la pérdida del espíritu, ya que no le proporcionaron el evangelio ni el conocimiento de Dios para darle un sentido de existencia y apreciar las maravillas del Creador, Dios Padre.

Yo sentí mucho temor por mi familia y rogué al Señor por mis padres y mis abuelos que todavía están con vida. Le rogué para que, en caso de que yo me condenara, al menos ellos se salvaran.

Dios me mostró cómo la inocencia de mi madre la adornaba como una corona, a pesar de ser madre. En su corazón brillaba un rojo resplandeciente, como el de un rubí, y así tenía valor ante Dios. Su corazón estaba lleno de celos por la moralidad en el amor de Dios, y mi padre, en poco tiempo, sería santificado en su espíritu por la perseverancia y valentía de ella. Vi que a cada uno de mis hermanos les llegaría el llamado de Dios eternamente en sus vidas y en sus vocaciones, todo gracias a la intercesión de las oraciones incansables que mis abuelos maternos ofrecían a Dios con toda pureza y con sus vidas. Dios escuchaba todas sus oraciones y concedía sus peticiones debido a la fidelidad indudable de mis abuelos.

¡Ya no soportaba hacerle más preguntas! Él tenía respuestas para todas, y todas eran presentadas con imágenes muy claras! ¡Sentía que mi ser estaba a punto de estallar! ¡Todas las imágenes pasaban a una velocidad increíble, y aun así, lograba captar todos los detalles, todas contribuían también en mi contra!

Mis penas y tormentos aumentaban al ver que no tenía salvación. Con todo el dolor de mi ser, me entregaba por completo a su voluntad y, por último, le pregunté: "Dime, Señor, ¿qué será de mi hijo? ¿Te conocerá? ¿Se salvará?"

Me mostró nuevamente con imágenes que mi hijo caería en la incomprensión y la rebeldía, se perdería por un tiempo en su adolescencia y después sería reclamado por Dios. (Mi hijo tiene un destino marcado porque él también fue regresado a la vida corporal y espiritual; cuando tenía cuatro meses de nacido, estuvo entre la vida y la muerte y regresó a la vida en el momento que recibía su bautizo).

Sentí mucha tristeza por el sufrimiento que le causaría mi muerte y le rogué a Dios por una oportunidad; le pedí que me regresara a la vida porque quería ver crecer a mi hijo. Yo soy lo único que él tiene en el mundo y nadie lo toleraría ni lo corregiría con el amor y el afán de su madre.

Entonces, el momento definitivo llegó; tenía mucho temor de escuchar su desprecio por mí. Sentía que morirme mil veces sería preferible al temor de escuchar esa palabra que definitivamente me condenaría a ese lugar terrible y de tormento que ya percibía. Hubiera preferido esfumarme con el dolor de nunca haber existido en lugar de ir a ese lugar, pero no había castigo más justo que ese por ofender a Dios. Mi ser se envolvía en la desesperación de perder la presencia de Dios para siempre, y trataba de aferrarme a recuerdos de Él; pensaba en el campo con todas sus maravillas, la luz y el calor del sol, las aguas, los animales, el rostro de Dios reflejado en cada ser humano que conocí en vida y trataba de llevarme todos esos recuerdos para cuando me condenaran, pero resultaba más angustioso para mí no haber conocido a Dios en todas sus creaciones.

Mi tormento era aún más terrible cuando vi la creación como Él la veía: todo le rendía honor. Todos los animales lo reconocen y saben que Él existe; el único temor de ellos es el de ofender a Dios, y en todo le son obedientes. La hierba le ofrece el aroma y la belleza de sus flores en el máximo resplandor. El universo estaba sometido a la voluntad de Dios; nada se movía sin su autorización y le ofrecían el espectáculo de su infinito porque en todo estaba su espíritu (le llaman sabiduría). Dios lo conoce todo, está en todas partes. Dios no perdía fuerza, aunque la sabiduría estaba expandida.

Esto me provocó una gran tristeza porque la creación que Él más ama no lo conocía, incluso le negaban. Desesperada, pedía perdón por todo el mundo, pero sentía que ya no valían mis súplicas porque para mí ya era tarde, y en vida yo tampoco lo conocí como en este momento. Sentí un gran arrepentimiento por haber perdido mi tiempo y su tiempo. Recordé el sentido por el que nací y le había prometido que no lo olvidaría. ¡Y no fue así, le fallé, me entretuve en las cosas del mundo!

¡Los demonios, muy atentos, seguían ahí, esperando, con sus ojos brillantes como rabiosos, llenos de impureza y reflejando desprecio, esperando por mí!

El demonio grande que reclamaba y aguardaba por mí estaba ansioso, lleno de orgullo y soberbia. Estaba seguro de que Dios me entregaría a él, y también el demonio esperaba por la palabra final.

Entonces, Dios me muestra a algunas personas que conocí en vida y otras que no conocía y me preguntó: "¿Qué crees que debería hacer con estas personas y sus actitudes contra ti?"

Confundida, le dije: "¡Señor, estas personas no me han ofendido! ¿Por qué dices que es contra mí?"

Entonces, me llevó a unas imágenes donde yo tenía diferencias con ellos, hasta el punto de llevarme a mis límites. Le dije: "Señor, no tomes en cuenta lo que esas personas actúen contra mí, mejor llévalos a que te conozcan. Para mí, solo te pediría que no dejes guardar odio o rencor en mi corazón para que no se manche mi alma".

Le pregunté, todavía confundida: "¿Señor, pero por qué me atormentas con algo que no fue o nunca será?"

Dijo: "Porque quiero saber cómo harás con ellos".

¡En ese instante, se separó una luz de la luz de Dios y vino hacia mí con rapidez impresionante y antes de que pudiera moverme, atravesó mi ser! ¡Por un instante pensé que me enviaría a la condena, pero esa luz me llenó de vida, y desaparecieron mis sufrimientos! ¡Me impresioné al sentir que esa luz era contraria a todo lo que había experimentado anteriormente y me llevó de nuevo a ver el momento en el que yo estaba en esta vida! ¡Mi cuerpo estaba postrado en la camilla del hospital con el último brillo en mis ojos! ¡Los médicos estaban alrededor mío, esperando mi reacción o mi muerte porque en la condición que me encontraba ya nada se podía hacer por mí! ¡Vi mi espíritu sujeto en la parte de la cabeza de mi cuerpo, mi espíritu estaba suspendido en lo alto hacia el lado derecho de mi cuerpo y frente a mí tenía a Félix contemplando mi rostro!

Pensé que esa luz me había llevado a la última oportunidad de ver mi cuerpo, de presenciar cómo mi espíritu se despojaba de mi cuerpo antes de ser condenada.

En esa imagen que yo contemplaba de los médicos y de Félix, la luz me llevó al cuerpo de un hombre crucificado experimentando la muerte con el mismo dolor de sentir cómo se separaba su espíritu de su cuerpo; de un cuerpo y un espíritu puro sin ninguna mancha de ofensa ni contra él mismo, con una firme decisión de cumplir con el mandato, misión que se le fue revelada por Dios en todo momento. Vi como experimentaba y entraba a la muerte, pero él no se cubría con la sombra ni la muerte venía por él; más bien, era la muerte que estaba sometida a él, porque necesariamente tenía que entrar en ella. En ese momento, él estaba consciente de que, por poseer un cuerpo, tendría que experimentar la muerte que todo ser humano tendría que enfrentar.

Después de mostrarme esto y hacerme sentir lo que él experimentaba en el punto de su agonía, vio a un hombre que lo miraba y presenciaba su muerte en la cruz. Este hombre mientras lo miraba se preguntaba en pensamiento: "¿Acaso este hombre verdaderamente será el hijo de Dios? Pero aunque no lo fuera, él no ha merecido por lo que está pasando", y se llenó de arrepentimiento, sintiendo un gran pesar por el hombre crucificado.

Entonces, el hombre que estaba muriendo en la cruz pensó: "Por hombres como tú, sí vale la pena morir, si tan solo se tuvieran compasión unos a otros".

Después, esa imagen se convirtió en un hombre con esencia viva. ¡No podía creerlo, era un ser vivo en esencia corporal y espiritual, lo percibí por su pureza en esta dimensión de los espíritus! ¡Su olor y esencia eran como los de un niño de meses de nacido, varonil y un aroma increíblemente agradable! Semejaba una brisa que saciaba interiormente, era similar al agua fresca y pura. Este ser descendía desde el cielo, separándose del resplandor de Dios, pasó a través de la muerte para llegar a mí, me llenó de vida, paz y luz. Todo sucedió tan rápido; su voz era espléndida para mi alma, su presencia era pura y llena de autoridad. Me dijo, mirando a Félix que contemplaba mi rostro: "Yo también tuve un compasivo".

En ese momento supe que ese hombre extraordinario era Jesús. Por curiosidad, quise saber qué había hecho conmigo para quitarme el tormento y giré hacia mi ser. Vi que abarcaba, cubría mi desnudez y pecados con su propia vestimenta blanca, purificaba mi espíritu, y no tuve más sed. Lo que en él había no lo olvidaré ni podré describir nunca; era como felicidad perfecta.
Jesús me dijo: "No puedes entrar al cielo, tampoco estás destinada a condenarte. ¿Recuerdas por qué naciste?".

Yo comencé a recordar que había tenido un sueño; soñé que estaba en el cielo y quise nacer, pero cuando vi la desolación del mundo en mi paseo por la tierra, quise regresar, pero ya no pude entrar. Dios me dijo: "Nadie puede atravesar la línea de la vida y regresar así, vacío; tiene que presentar su propósito". También, por mis súplicas, Dios me había concedido un espíritu que me ayudaría a conseguirlo para que yo pudiera regresar a Él, y le prometía que yo nunca me olvidaría de Él.

Entonces miré a Félix; ¡no lo podía creer, era él! En el sueño, el espíritu me llevaba a la entrada de una cueva y me decía que ahí se encontraba mi propósito, en la casa del diablo, y yo tenía que enfrentarme a él y vencerlo; solo así podría tomarlo, porque el diablo lo custodiaba. También me decía que no podía acompañarme porque los propósitos son personales, y que me esperaría hasta que yo saliera. En el sueño, yo tenía miedo y dudosa le preguntaba por qué él estaba seguro de que yo vencería y regresaría. Él solo decía con más seguridad: "¡Regresarás y aquí te estaré esperándote!"

Me impresioné porque siempre creí que solo había sido un sueño, el cual nunca se me olvidó. Este sueño estaba siempre presente en mi mente sin haber entendido por qué razón, y en ese momento lo estaba viviendo. Ahí comprendí que la casa del diablo era la muerte y tenía que vencerle en la muerte. Ese espíritu que esperaba fuera de la muerte era Félix; ahora sabía por qué él no podía acompañarme. Mi enfrentamiento era personal, pero yo todavía no sabía si había vencido y si saldría.

En ese momento, Jesús me daba tanta paz y me llenaba de vida en mi espíritu. Era tal la sensación, inexplicable, algo que nunca experimenté y no creo que exista en este mundo. ¡Solo puedo decir que quedé extasiada de su presencia y de su voz, la cual no quería que terminara nunca! ¡Si me concediera la oportunidad de ir con Él, sí, lo hubiera dejado todo sin pensarlo!

Yo escuchaba con mucha atención y sensibilidad lo que decía el hombre puro con esencia de vivo, "Jesús". Me dijo: "Cumplirás tu propósito y lo presentarás, o te irás a la condena para siempre. En la casa del Padre deben ser conocidos por sus méritos en las obras y por haber dejado la tuya, no puedes subir."

Yo le preguntaba: "¿Cómo cumpliré mi propósito si ya es tarde, y a la condena no quiero ir?"

Me preguntó: "¿Tú quieres cumplirlo sabiendo todo lo que hay en el mundo y enfrentarte a lo que ya conoces, como el mal y vencer tus propias tentaciones?"

Fue muy difícil para mí, pero no quise ir a la condena, de ella ya no había salida. Mientras lo miraba, yo me preguntaba: "¿Qué hará Él para que yo cumpla?" Cuando me decidí, pensé: ¡Sí, sí quiero...! No terminaba de decir la frase cuando me regresaba a mi cuerpo. Mientras los demonios todavía continuaban en reverencia con las cabezas inclinadas, escuchando todo esto y cuando ellos se dieron cuenta de que yo iba saliendo de la muerte, se sorprendían, pero sin protestar. Y alcancé a escuchar a Jesús decirme: "¡Anda que ya todo está ordenado para que lo cumplas, solo cumple con lo que te corresponde hacer!"

MI PROPÓSITO

Mi espíritu se posaba lleno de alegría y armonía por primera vez, satisfactoria y perfectamente en mi cuerpo. Ya no sentía dolor moral ni espiritual, pero sí mucha sed, deshidratada porque mi cuerpo estaba cansado, frágil, deteriorado y gastado por tanto medicamento y por las contracciones que habían sufrido mis músculos durante la agonía. Esta sed ya solo era física; la espiritual estaba llena de satisfacción eternamente en mí gracias a la misericordia de Jesucristo.

Al mismo tiempo que empecé a sentir todo esto, también empecé a escuchar de nuevo lo que hablaba Félix. Él pedía que me dieran agua, pero se negaron porque le decían que no podría tomarla dada la condición en que me encontraba. Entonces, él pidió que, si no podía beber el agua, por lo menos humedecieran mis labios, ya que se preocupó al ver cómo la piel de mis labios se había secado y pegado a mi mandíbula. En ese momento, una de las enfermeras americanas fue por un recipiente con agua. Félix le pidió algo con lo que aplicármela, y ella le ofreció una gasa de algodón. Félix humedeció la gasa y me la puso sobre mis labios secos. ¡En ese instante, sentí claramente cómo mi espíritu recibió esa humedad, apresurado y animado, a pesar de la experiencia que acababa de tener dentro de la muerte! Fue algo tan extraordinario que yo misma no terminaba de creerlo; al sentir mi espíritu moviéndose dentro de mi cuerpo por la humedad del agua, fue una confirmación más de que todo era real. Después, mi cerebro detectó la humedad y la distribuyó por todo mi ser como una señal mágica que hizo que todos mis impulsos tomaran fuerza; primero en mis nervios y finalmente en mis huesos.

Por fin pude moverme y giré hacia donde estaba Félix porque quería darle las gracias y contarle todo lo que había experimentado, visto y escuchado. También deseaba explicarle el motivo por el cual estaba viva y cómo Dios permitió que, gracias a la compasión de Félix junto con su acto, me ayudo a recuperarme. Además, quería compartirle que Jesús ya lo había elegido desde antes para que me ayudara a completar mi propósito de sentido de existencia. Adicionalmente, también deseaba darle a conocer lo que su corazón más anhelaba: el conocimiento de la verdad acerca de la existencia de otra vida después de esta.

¡Deseaba brincar y gritar de alegría porque estaba viva en cuerpo, consciente en lo espiritual y conocía todo lo que hay detrás de la creación de Dios; me sentía muy afortunada! Lo único que pude hacer fue tocar la mano de Félix, que en ese instante la retiraba, y le sonreí agradecida porque mi cuerpo estaba demasiado agotado. En ese momento, me esforcé para hablarle, llegando incluso a lastimarme la garganta al despegarla de mi lengua. Con dificultad y esfuerzo, le dije que iba a dormir porque por fin me llegaba el sueño. Este sueño se distinguía como un anhelo de renovación para el cuerpo y reposo del alma, y por ese motivo no tenía temor de entregarme al sueño. Estaba muy cansada; fue el trabajo más pesado que he experimentado en toda mi vida, no se compara a ningún otro esfuerzo.

Estaba plenamente consciente, recordaba completamente toda mi vida y lo que había sucedido dentro de la dimensión de la muerte, así como todo a mi alrededor. Entonces, le dije a Félix: 'Ya puedes ir a tu casa a descansar, ya tengo sueño y voy a dormir'. Al escuchar esto que dije, noté preocupación en los rostros de los médicos. Escuché sus murmullos sobre la posibilidad de que, si me dormía, no despertaría. Al ver la expresión de preocupación en los médicos, Félix también se inquietó. Le aseguré: 'Ya no voy a morir, estoy cansada y necesito dormir'. Lo miré a los ojos para transmitirle mi seguridad, y él notó mi tranquilidad y mejoría.

Mi cuerpo sucumbió al sueño, y pude descansar en la tranquilidad de que todo había pasado. ¡Ya habría tiempo más que suficiente para contar todo esto! Mientras me sumía en el sueño, me deleitaba con la esencia que Jesús me dejó; la esencia de la vida en todo su sentido, en la abundancia de la misericordia. Me sentía como si hubiera nacido de nuevo, sin tristezas, rencores ni remordimientos; experimentaba una paz total.

Desperté al atardecer del siguiente día, y aún persistía esa sensación de haber nacido recientemente. Me sentía liviana y en paz, renovada en mi interior y llena de posibilidades."

Quise analizar todo lo que había hecho antes de esta experiencia y que estaba en mis manos luchar contra mis costumbres y hábitos. Ahora soy un ser nuevo interiormente, aunque nadie exteriormente lo notara. Mejor aún, tenía el conocimiento de mi sentido de existencia. Recordé cómo en el pasado, Dios trató de manifestármelo, pero no lo comprendí. Pensaba que habían sido casualidades y que mis sueños de revelación eran solo eso, sueños inútiles. Incluso llegué a pensar que eran estupideces, producto de mi imaginación.

Me sentí muy afortunada de estar viva y acepté que esta experiencia fue muy necesaria para mí. Aunque padecí en extremo, valió la pena, y doy gracias a Dios por ella. Aunque nunca más quisiera experimentar algo así, estoy confiada en que no volveré a pasar por eso. Sé que Jesús me librará de otra experiencia como la que viví porque prometió llevarme a la casa de su Padre la próxima vez. Solo tengo que confiar, esperar en Él y ser obediente en cuanto me lo pida.

Por el momento, mi preocupación principal era mi recuperación física, ya que mi cuerpo había sido invadido por medicamentos que desequilibraron mi sistema de defensa y funciones naturales, llegando al punto de iniciar el proceso de apagarse. Dado que mi cuerpo había estado prácticamente al borde de la muerte, necesitaba recuperar fuerzas, eliminar la intoxicación de todas esas sustancias y esperar a que se reorganizara. No sabía cuánto tiempo llevaría, pero tenía la certeza de que estaría bien.

Una joven estudiante universitaria, que dedicaba tiempo al servicio en el hospital de asistencia a enfermos, se acercó, me saludó y se presentó con su nombre. Luego, ordenó comida para mí y trató de dármela en la boca, lo cual me causó risa. Le expliqué que no era necesario, ya que me sentía bien, y para demostrárselo, me levanté de la cama. Le pedí que me indicara dónde estaba el baño para lavarme las manos. Al regresar, me senté en el borde de la cama para comer. Mientras comía tranquilamente, ella me preguntó: '¿Por qué querías suicidarte? No entiendo por qué llegaste al punto de provocar tu muerte. Si no fuera por los médicos que te salvaron, ya te habrías muerto.

Inicialmente, pensé que se trataba de una broma y comencé a reírme con dificultad, ya que sentía mucho dolor, especialmente en el abdomen, que estaba frágil y débil.

Ella me miró extrañada y dijo: "¿Cómo puedes reírte? ¡Atentaste contra tu propia vida, entiendo que la gente tiene muchos problemas, pero tú, te ríes!"

Al notar la seriedad y seguridad con la que me hablaba, me preocupé y le respondí: 'Si quieres, podemos hablar de otras cosas, pero no me hagas bromas".

Ella insistió: "No es una broma. Una de las enfermeras mencionó que intentaste suicidarte tomando un frasco de pastillas y lo escribió en tu informe".

No podía creerlo; el desaliento me invadió y mi ánimo se deprimió al punto de no poder hablar. Cuando pude recuperarme, le dije: "Yo no quise suicidarme, eso es algo muy grave y aún más para mí, que soy católica por descendencia. Fue un accidente; sí, tomé pastillas, pero no con la intención de quitarme la vida. Tengo muchas razones para vivir, y si te lo contara, no terminaría nunca. Solo te diré que tengo familia a quien ayudar y, sobre todo, no causarles penas, y menos de esta manera. Además, el mundo está lleno de cosas bellas que todavía desearía ver".

Ella agregó: "La enfermera también ordenó que no te dieran accesorios ni nada con lo que te pudieras intentar suicidar otra vez".

En mi conciencia, sabía y estaba segura de que nunca quise quitarme la vida; eso es algo que nunca haría, ni siquiera cuando estaba sufriendo con mi enfermedad. Soporté el dolor y la frustración hasta el último momento, y ahora me informan que escribieron en mi informe médico como un caso de suicidio. Lo único que pude hacer fue orar en pensamiento y con todo mi corazón pedirle al Señor que se encargara de todo. Después de esto, me calmé un poco y terminé de comer.

En mi mente quedaba una gran humillación al saber que esa enfermera, sin preguntarme primero, se atrevió a cometer semejante acto a mis espaldas, estando yo indefensa, delicada y físicamente limitada. Pienso que no le hubiera costado mucho trabajo averiguarlo, ya que me encontraba en el hospital con ellos; fue una violación a mis derechos y a mi dignidad. Solo le pedía al Señor que la hiciera reflexionar, porque si ella llamaba a lo mío locura, ¿cómo se llamaría a lo que ella cometió? En parte, entendía un poco porque los que no creen en Dios piensan que los seres humanos y los animales son lo mismo.

Después de algunas horas, sonó el teléfono, lo cual me sorprendió porque no esperaba a nadie. La joven que estaba conmigo contestó y dijo que era para mí; era una enfermera que preguntaba si yo quería recibir a un visitante. Curiosa de quién se trataba, acepté, pensando que era el personal encargado de recopilar información del paciente para los gastos médicos.

Después de unos minutos, vi que se aproximaba Félix. Era la última persona a la que hubiera pensado que se atrevería a visitarme, y no lo culpaba, pues imaginé que esta experiencia había sido muy fuerte para él, después de presenciar mi sufrimiento y verme agonizar. Verlo de nuevo frente a mí solo confirmaba lo que yo había observado: la luminosidad de su espíritu que vi cuando yo experimentaba la muerte. Aunque aún no sabía por lo que yo había pasado, en mi opinión, él actuaba por sí mismo, no motivado por alguna razón aparente de interés. Al verlo, brotó una sonrisa en mí, porque él era testigo de que yo había conocido lo que es la muerte. Para mí, él era la señal de que se cumpliría todo para alcanzar mi propósito, mi sentido de existencia.

Félix es la otra persona que Dios había escogido para que se realizara nuestro propósito de dar testimonio de la existencia de Dios y su constante intersección con nosotros, la humanidad. También es una contribución para ayudar a aquellos que se encuentren en el peligro que yo experimenté en la muerte espiritual y corporal. Valía la pena esperar por él hasta que llegara el momento en que yo pudiera confesarle que existe otra vida después de esta.

Después de todo esto, encontré la paz y supe que la taberna era el lugar indicado donde tenía que estar, para ver por mi propia cuenta y comprender todo lo que corrompía a los espíritus y lo que ofende a Dios; 'de cómo se cae en la inconsciencia de la impureza y muchas cosas más que se escribieron al principio del libro'. ¡Y yo que le había pedido a Dios tantas veces que me ayudara a salir de ese trabajo!

Luego de unos meses, poco a poco todo empezó a llegar; primero un sueño donde Dios me pedía rescatar a su pueblo de la misma forma que en los tiempos de Egipto. Le contesté diciendo que no entendía, porque hoy en día no hay esclavitud.

Me respondió: "De lo que los esclaviza; del pecado, por la misma razón que tuvieron que salir de ese pueblo de Egipto. Ahí se practicaba la impureza, así como hoy en día, y ya no quiero que se distancien de Mí."

Le contesté: "No soy digna de tu petición debido a mi indignación, pero si lo deseas, purifícame y provéeme con lo necesario".

Mi indignación consistía en que mi intoxicación estaba al grado de no poder resistir las ansias causadas por el medicamento. Con la intención de disminuir la ansiedad, había experimentado con el cigarrillo y el licor; ansiedad que provocaba la abstinencia del medicamento y, con mi esfuerzo, lo único que había logrado era hundirme más en la impureza.

Me habían recetado el medicamento de nuevo cuando salí del hospital, bajo presión y amenazas de que si intentaba dejarlo, moriría y tendría problemas legales; a pesar de ello, no lo tomaba.

El temor al reclamo de Dios me hizo reflexionar, y una vez más me entregué a su misericordia, pues conocía su infinito poder. Si me había concedido la vida nuevamente, estaba claro que no había imposibles para Él.

Al día siguiente todo comenzó y, finalmente me atreví a confesarle todo a Félix y concluimos hacer el libro en manera de testimonio, un testimonio de mi experiencia. Mientras discutíamos los detalles, todo empezó a encajar de una manera sorprendente. Félix no podía creerlo; fue testigo de cómo todas las informaciones necesarias sobre la publicación de un libro llegaron de manera conveniente. Para sorpresa de Félix, el hombre que le proporcionó las informaciones resultó ser uno de los empleados de seguridad del negocio. Ese mismo día, llevaba consigo un libro que acababa de publicar sobre su vida. Además, el trabajador no hablaba español, y yo no hablaba inglés, lo que dejó claro para Félix que no estaba planeado por mí. A Félix le empezaron a dar propinas, algo que nunca antes le sucedía. Utilizamos ese dinero para comprar lo necesario y comenzar a trabajar en el proyecto, que se convirtió en nuestro propósito. Félix entendía que todo provenía de Dios.

Félix agradece a Dios porque solo él puede comprender y saber que todo es para bien y, sobre todo, que es para Dios. Es para aquellos a quienes pueda ayudar en su sentido de existencia. La vida no es una gran casualidad, y la muerte corporal marca el principio de algo nuevo y eterno.

Félix A. Gómez

*F*élix cuenta que su despertar se da cuando le sugiero que escribamos un libro. Él pregunta cuál sería la base de nuestro escrito, y es entonces cuando le confieso la experiencia que tuve con la muerte. Le advierto que no tiene por qué creerme, explicándole que cuando enfrenté la muerte, vi que todas esas cosas ya estaban en la Sagrada Biblia.

Por iniciativa propia, Félix comienza a investigar leyendo la Sagrada Biblia y se da cuenta de que mi testimonio tiene mucho sentido. Conforme él avanzaba en la lectura, encuentra su sentido de existencia. También comprende algo que le había causado frustración: un problema que ocurrió con un pariente y como las diferencias de personalidad los vuelve en contra, y por el motivo de que es su pariente trata de no causarle mal. Sin embargo, la frustración lo lleva al límite y en lugar de cometer una desgracia, recurre a Dios. Ora y hace una promesa especial, pidiendo a Dios que intervenga para que él pueda retirarse del negocio que ambos llevaban.

La discrepancia surgió porque su pariente lo utilizó a él y su buen crédito para obtener el negocio que su pariente quería. Además, usaba el crédito del negocio para gastos personales sin pedir consentimiento, asignando sus gastos personales al crédito del negocio, que también estaba bajo el crédito de Félix.

La desesperación de Félix comienza cuando nota que su pariente realiza actos ocultos, como ofrendas y amuletos, "brujería", además de acciones destinadas a fastidiarle. Ante esta situación, Félix busca a alguien dispuesto a comprar la mitad del negocio que le pertenece para poder retirarse. A pesar de sus intentos, su pariente se niega y también rechaza todas las propuestas de paz que le ofrece Félix. En consecuencia, Félix decide emprender un proceso legal. Después de enfrentar numerosos asuntos legales, finalmente logra desvincularse del negocio gracias a un acuerdo alcanzado con el tiempo.

Después de dos meses, viaja a Santiago, República Dominicana, y cumple la ofrenda que prometió a Dios. Él relata que al cumplir con su ofrenda, las personas que la recibieron lo bendijeron. Se sintió bendecido, conmovido y se consideró digno de pedirle a Dios. En su oración, le pidió a Dios que lo utilizara para su servicio, le concediera la sabiduría para conocerlo más y le revelara el sentido de su existencia.

Durante algunos meses, Félix estuvo deshabilitado emocionalmente debido a la frustración y el daño causado por asociarse con su pariente. También experimentó desengaño con las personas al presenciar la ociosidad de estas mientras estaban en el negocio. A raíz de estas experiencias, se prometió a sí mismo no volver a involucrarse en ese tipo de negocios.

Después de ocho meses, un amigo lo visita e insiste en que vean un negocio en venta, "una taberna". A pesar de la reticencia inicial, la insistencia del amigo, la seguridad en su propia experiencia y la facilidad de los trámites le indican que esa oportunidad estaba destinada para él y que Dios lo quería en ese lugar. Los primeros dos años le fueron muy bien, y agradecía a Dios, creyendo que esa era su recompensa por haber esperado con fe y haber obtenido respuestas a sus oraciones.

Sin embargo, notaba que Félix guardaba mucho resentimiento cada vez que recordaba a su pariente. Sin embargo, al buscar verificar mi testimonio en la Sagrada Biblia, encuentra paz, ya que gradualmente comprende las escrituras. Comprende que no puede albergar resentimientos ni odios, ya que son desagradables a Dios. Así llega a la conclusión de que realmente quiere que se escriba el libro para compartir cómo el conocimiento de Dios lo libera. Quiere compartir su experiencia con los demás, especialmente con aquellos que lo necesitan. En ese momento, se da cuenta de que la recompensa de esperar en Dios con fe no fue económica, sino espiritual.

Maria R. Mendoza

Gracias a Dios por concederme la oportunidad de compartir este testimonio con todos ustedes. Ruego a Dios con todo mi ser que les conceda el despertar del espíritu y los guíe hacia la luz eterna.

POEMAS

La Tumba

La tumba es más que un lugar de descanso para el cuerpo; es más que un sitio donde tus seres queridos puedan recordarte. Es como una mansión personal; el cielo te sirve de sábana con todas sus estrellas, su brisa y su calor.

La tierra te sirve de cama, pero no es simple tierra; es la que te vio crecer, dar tus primeros pasos en ella, jugar y correr. Cuando te caías, mientras tú llorabas por el raspón, ella aprovechaba para hacerte una caricia.

Soportó con dolor que la labraras, que edificaras y que la maquinaras.

Cuando estuviste triste o aburrido te ofrecía silenciosamente el aroma y color de sus flores, sus campos y sus aguas y toda la maravilla de sus criaturas, ansiando el día en que te pudiera envolver entre sus brazos y llenarte de besos, mientras que sobre ella, encima de donde estarás por siempre tú; una lápida decorada, signo de que exististe, permanecerá como tu templo infinito según tus obras.

La Vida Sin Dios Es Un Sueño:

Sueñas que eres, que tienes, que amas y te aman.

Sueñas que quieres, que anhelas y, al fin, triunfas. Un sueño del que en cualquier momento puedes despertar y darte cuenta de que dejas de ser y ya no tienes nada, que no te amaron eternamente como te lo juraron. Tú no amaste eternamente como lo repetías una y otra vez. Que no te perteneció nada, ni le perteneciste a nadie, ni siquiera a ti mismo...

"Yo"

El poder de hacer el bien siempre estuvo en mí. La maldad estaba en mí y era, "Yo".

"Yo" hacía el bien porque estaba en mí. "Yo" tenía maldad porque despertaba en mí y todos veían que era "Yo". Unos decían: ¡Una niña buena! Otros, ¡Qué niña tan malvada! A mí no me importaba porque no comprendía, solo sabía que era, "Yo". Entonces no sabía si había un cielo o un infierno, pero pronto me vi en medio de los dos. Comprendí que si iba al infierno, era "Yo" quien estaría ahí, porque solo importaba "Yo" y nadie más. Y si iba al cielo, había sido porque amé tanto que permití que otros fueran felices, aunque tendría que sacrificarme, "Yo". A donde fuera, era "Yo", así que ahora "Yo" decido qué hacer, qué no hacer, adónde ir y nadie más que "Yo" decide, porque al final, ahí estaré "Yo".

La Iglesia:

Ser agradecidos con Dios por la Iglesia que nos proporciona orden en nuestra vida al cumplir sus mandamientos y aprovechando sus enseñanzas para compartir con los demás el conocimiento del amor de Dios, y así unirnos como una sola familia, ¡la de Dios!

El Deseo De Mi Corazón:

Anhelé una limosna de esta vida y el demonio no tardó, pronto como centella delante de mí, me ofreció su contrato para ofrecerme el mundo y ponerlo a mis pies, tratando de convencerme con palabritas; "¡Es lo que necesitas para ser feliz y no tiene nada de malo ser feliz!"

Así se expresaba, bien presentado hasta los zapatos, repitiéndome una y otra vez lo mismo.

Al final me dijo, queriendo librarse de la responsabilidad ante Dios y dejarme a mí como única culpable delante de Dios y de mis hermanos, pretendiendo robarme hasta dejarme desnuda, vagando con mi humillación: "¡Si tú quieres, yo no voy a obligarte!"

Mi Corazón Busca La Luz:

Mi corazón vive inquieto, con mucho temor; se estremece y parece presentir que muere cuando se aleja de ti, Dios Padre, porque tiene miedo de perder tu amor. No encontrará descanso hasta que le otorgues tu paz eterna; sé que será hasta el momento en que yo contemple el resplandor de tu rostro, tu luz, tu gloria.

J. Soledad. Reynoso. Garza

Jardín de la paz: Mi arrulló en el murmullo de tus cantares, la fragancia de flores en tu suave regazo y frescura de tu consuelo.

Soledad: Sentido infinito, así será tu memoria a la cual yo me aferraré para no caer en el mundo como mi tabla de salvación.

Reinarás en mi corazón: Generación por generación y será tu nombre respetado como cuando te veían pasar.

Guárdame, señora un lugar en tu corazón y en tu memoria para que cuando ores, ores también por mí, señora mía y así por tus ruegos yo pueda vivir.

En La Adolescencia:

Dios habla en el silencio de los actos, en el silencio del amor, en el silencio de la esencia, en el silencio de los sentimientos.

Dios canta y toca en el silencio del sueño, en el silencio de las nubes, te dice que te ama y susurra al oído en la intuición.

"Quieres saber más, ven, camina conmigo y verás mi reino."

DESPEDIDA

María R. Mendoza

Yo le doy gracias a mis abuelitos, los Señores Felipe Matamoros González y Soledad Reinoso Garza, por sus oraciones incesantes por nosotros, su descendencia, y dirigidas también a todas las almas. Agradezco por aportarme y compartir la enseñanza del conocimiento de Dios en todo momento.

Gracias a Dios por mis padres, Ángel y Gero Mendoza, por la vida que me han proporcionado y por haberme concedido el privilegio de compartir con mis amadísimos hermanos Ever, Ana, Miguel, Luis y Juan.

Agradezco a Eugenio e Icnasia Cervantes, nuestros padrinos, al señor Fabián Ortiz, su esposa y familia; quienes para mis hermanos y para mí son como segundos padres. Gracias por su apoyo incondicional y sus consejos en la doctrina de Dios.

Le doy gracias a Dios por Félix A. Gómez por su apoyo y comprensión en los momentos más necesarios de mi vida.

Gracias a Dios por la creación, por su infinita misericordia e intervención constante. Agradezco al sacrificio de Jesús, hijo de Dios, unido al de su santa madre María, madre nuestra y de todos los santos, Papa, Obispos, sacerdotes, diáconos, laicos y la orden religiosa católica, etc.

Deseo que Dios les atribuya el despertar del espíritu y les conceda una vida de bendiciones. Los fortalezca cada vez más para no caer en las incitaciones al mal y guíe a todos al reino de Dios.

¡Saludos a mi hermano en el espíritu, "Rami!"

Félix A. Gómez

Doy Gracias especialmente a mis abuelos, los señores, Teofido De Jesús Gómez Márquez y Luz Eduvina Gómez Ascona, "que Dios los tenga en su gloria", por la enseñanza que adquirí de ellos sobre la fe y la paciencia de esperar en Dios. También doy gracias a Dios por toda mi familia.

Gracias sobre todo a Dios, por darme la oportunidad de ser parte de su proyecto y de brindarme la sabiduría para conocerle más, de darme a conocer mi sentido de existencia y de poder contribuir junto a María Mendoza a todos ustedes en su despertar espiritual.

Ambos, Félix A. Gómez y María R. Mendoza, queremos expresar nuestro agradecimiento a los señores:
- Bernardo Figueroa
- Tim "Goldy" Williams
- David A. Hendler, nuestro abogado.

Gracias por la humildad que mostraron con nosotros y por ayudarnos en los momentos en que más los necesitábamos.

CON CORTESÍA

La comprensión o conocimiento de los escritos en el libro se desarrolla a partir de la experiencia con Dios. En realidad, procuramos transmitir el testimonio de que sí existe otra vida después de esta y que sí existe un creador de todo.

La práctica de los católicos va mucho más allá de sus ritos y creencias. No solamente tiene que ver con la lectura de la Sagrada Biblia o con el modo personal de entenderla, interpretarla o inspirarse en ella; es el espíritu que reconoce a Dios vivo sin comprenderlo o verlo. Es por la certificación personal de la fe.

www.ingramcontent.com/pod-product-compliance
Lightning Source LLC
Chambersburg PA
CBHW060115170426
43198CB00010B/896